Aplicaciones de la inteligencia artificial en los negocios sostenibles

En la ruta de una transición energética

Alma Delia Torres Rivera (coordinadora)
Karla Gutierrez Zayas-Bazán
Andrea Alejandra Rendón Peña
Francisco Javier Cerda Martínez
Laura Alma Díaz Torres

Aplicaciones de la inteligencia artificial en los negocios sostenibles

En la ruta de una transición energética

Alma Delia Torres Rivera (coordinadora)
Karla Gutierrez Zayas-Bazán
Andrea Alejandra Rendón Peña
Francisco Javier Cerda Martínez
Laura Alma Díaz Torres

Aplicaciones de la inteligencia artificial en los negocios sostenibles

Alma Delia Torres Rivera (coordinadora), Karla Gutiérrez Zayas-Bazán, Andrea Alejandra Rendón Peña, Francisco Javier Cerda Martínez y Laura Alma Díaz Torres

Derechos reservados © Alfaomega Grupo Editor, S.A. de C.V., México

Primera edición: 2023

ISBN: 978-607-576-234-0

Primera edición: MARCOMBO, S.L. 2025

© 2025 MARCOMBO, S.L. www.marcombo.com

Gran Via de les Corts Catalanes 594, 08007 Barcelona

Contacto: info@marcombo.com

Esta obra fue dictaminada mediante el sistema de par ciego por dos especialistas del área: Dr. Erik Valdemar Cuevas Jiménez y Dr. Arturo Tadeo Espinoza Fraire, cuyos dictámenes fueron positivos

ISBN: 978-84-267-3960-5

D.L.: B 1674-2025

Impreso en Servicepoint

Printed in Spain

Libro ecológico
Impreso con papel procedente de bosques gestionados de manera eficiente, libre de cloro.

Esta obra está dedicada a la distinguida comunidad del Instituto Politécnico Nacional, con especial reconocimiento a la Unidad Profesional Interdisciplinaria de Energía y Movilidad, por su destacado enfoque visionario y liderazgo ejemplar en la ruta de la transición energética.

Acerca de los autores

 La Dra. Karla Gutierrez Zayas-Bazán posee un doctorado en Ciencias Físico-Matemáticas, el cual obtuvo en 2018 de la Escuela Superior de Física y Matemáticas del Instituto Politécnico Nacional (IPN), en México. Asimismo, tiene el grado de Maestría en Ciencias Físicas, otorgado por la Facultad de Física de la Universidad de La Habana, Cuba, en 2010, y realizó sus estudios de Licenciatura en Física en la misma institución, que concluyó en 2008. Desde octubre de 2023 es subdirectora de Servicios Educativos e Integración Social en la Unidad Profesional Interdisciplinaria de Energía y Movilidad del IPN. Además, trabaja como docente desde 2020 y fue jefa del Departamento de Formación Profesional.

La Dra. Gutierrez fue profesora en la Facultad de Física de la Universidad de La Habana, y contribuyó significativamente al ámbito académico. Actualmente, es candidata a investigadora del Sistema Nacional de Investigadores, lo que avala su compromiso y excelencia en la investigación. Con un total de 17 publicaciones en revistas indexadas, la Dra. Gutierrez ha destacado como ponente en diversos congresos, simposios y convenciones, y ha abordado temas relacionados con la física de los materiales y aplicaciones para la generación de energía, además de tres proyectos de colaboración internacional. Su enfoque investigativo se ha especializado en energía renovable y nuevas tecnologías para la obtención de energía sostenible y amigable con el medio ambiente. La Dra. Karla Gutierrez Zayas-Bazán se posiciona como un referente en el ámbito académico y científico, por su contribución al avance y desarrollo en el campo de la energía sostenible y la investigación aplicada.

Andrea Alejandra Rendón Peña, que tiene un máster en Ciencias Físico-Matemáticas, ha destacado en el ámbito académico y profesional. Cuenta con formación como licenciada en Física y Matemáticas por la Escuela Superior de Física y Matemáticas del Instituto Politécnico Nacional, en México. Ostenta, además, la distinción de haber obtenido su maestría con honores en Ciencias Físico-Matemáticas en la misma institución.

Desde septiembre de 2023, ejerce el cargo de directora de la Unidad Profesional Interdisciplinaria de Energía y Movilidad en el Instituto Politécnico Nacional, y es responsable de la coordinación y dirección de actividades académicas y de investigación en dicha unidad. Su trayectoria docente en la Ingeniería en Negocios Energéticos Sustentables, iniciada en agosto de 2019, ha destacado por la impartición de cursos de alta relevancia para desarrollar el talento que demanda la sociedad.

En el ámbito de la investigación, Rendón Peña ha consolidado una línea de estudio centrada en la intersección entre la sostenibilidad, la eficiencia energética y la educación. Sus contribuciones académicas se reflejan en publicaciones que abordan temáticas cruciales, tales como la importancia de la sostenibilidad en la educación, propuestas innovadoras para carreras en el sector energético y proyecciones sobre el uso de electrodomésticos, así como el análisis sobre ahorros en el consumo eléctrico.

Adicionalmente, su experiencia previa como coordinadora de la Subdirección de Programas en el Fideicomiso para el Ahorro de Energía Eléctrica (FIDE) y como jefa de proyectos en la Dirección de Ingeniería y Desarrollo Tecnológico del Sistema de Transporte Colectivo (México) evidencia su compromiso y liderazgo en la atención de las demandas actuales en materia energética y ambiental.

Francisco Javier Cerda Martínez tiene un máster en Sistemas Computacionales Móviles. Distinguido por haber obtenido su grado con honores en el Instituto Politécnico Nacional (México), se destaca como ingeniero en Sistemas Computacionales, graduado en la Escuela Superior de Cómputo del IPN. Adicionalmente, cuenta con titulaciones de SCRUM Master y SCRUM Developer, lo que consolida su experiencia en metodologías ágiles. Ha contribuido al ámbito académico como miembro de la Comisión de diseño de programas académicos en estudios estratégicos como la Ingeniería en Inteligencia Artificial, la Licenciatura en Ciencia de Datos, la Licenciatura en Matemática Algorítmica y el título de técnico en Gestión de la Ciberseguridad. Asimismo, ha colaborado activamente en el diseño de programas de estudio para la Ingeniería en Sistemas Energéticos y Redes Inteligentes, la Ingeniería en Negocios Energéticos Sustentables y la Ingeniería en Movilidad Urbana en el marco del Instituto Politécnico Nacional.

El reconocimiento a su talento se materializa en el Premio al Mejor Software del IPN, honor que mereció de forma consecutiva en los años 2015, 2016 y 2017. Con ocho años de experiencia en el desarrollo de soluciones tecnológicas para diversas empresas, su liderazgo y habilidades se evidencian en su rol como miembro del equipo de desarrollo del Sistema de Apoyo a la Vinculación del Instituto Politécnico Nacional. Este proyecto, merecedor del premio UGOB al Gobierno Digital 2017 en el sector Proyecto de e-Economía, refleja la calidad y relevancia de su labor.

Con roles destacados como líder de proyectos, analista de sistemas y Frontend Developer, ha sido reconocido a nivel internacional. La riqueza de su trayectoria refleja un compromiso sólido con la contribución a los avances científicos y tecnológicos en el campo computacional, ciencia de datos e inteligencia artificial.

 Laura Alma Díaz-Torres, que actualmente cursa la Maestría en Bioética en la Escuela Superior de Medicina del Instituto Politécnico Nacional (México), ostenta el título de ingeniera en inteligencia artificial de la Escuela Superior de Cómputo del mismo instituto, además de contar con una Licenciatura en Lengua y Literaturas Modernas Inglesas de la Universidad Nacional Autónoma de México. Se ha focalizado en la automatización de procesos de evaluación y diseño de indicadores. Destaca por su pericia en algoritmos de aprendizaje supervisado con el uso de Python y otras aplicaciones de técnicas de inteligencia artificial. Estas competencias le permiten desarrollar informes detallados que respaldan de manera eficaz la toma de decisiones estratégicas.

Laura Alma se ha enfrentado a desafíos contemporáneos, como la transición a la educación en línea durante la pandemia de COVID-19, como se detalla en su investigación «Challenges In The Use Of Social Networks In Academic Continuity For Higher Education Students In The First Quarter Of The Covid-19 Pandemic» (2020). Además, ha realizado contribuciones significativas a la investigación en el ámbito de la inteligencia artificial y los modelos de negocios digitales, tal como se evidencia en su publicación en la revista Recherches en Sciences de Gestion en 2020. En 2018 fue distinguida con el primer lugar en el Premio Ensayo Innovación Educativa del Instituto Politécnico Nacional, gracias a su destacado trabajo titulado «Educación para jóvenes de sociedades interculturales, diversas e inclusivas a través de la tecnología». Este reconocimiento subraya su capacidad para abordar temas relevantes en el ámbito educativo desde una perspectiva innovadora.

Laura Alma Díaz-Torres es una profesional talentosa comprometida con el desarrollo de soluciones que facilitan el acceso a la tecnología avanzada y promueven la inclusividad en la movilidad inteligente. Su enfoque multidisciplinario, centrado en impulsar la adopción de aplicaciones de inteligencia artificial, la posiciona como una figura prometedora en este campo.

 La Dra. Alma Delia Torres Rivera cuenta con el grado de doctora en Educación, tiene un máster en Administración Pública y es licenciada en Administración. Se distingue por su destacada labor docente e investigativa en el ámbito de los negocios sostenibles. Desempeña su rol como docente en la Maestría de Administración de Empresas para la Sustentabilidad en la Escuela Superior de Comercio y Administración – ESCA Santo Tomás, perteneciente al Instituto Politécnico Nacional (IPN) de México. Asimismo, ejerce como profesora en el programa académico de Ingeniería en Negocios Energéticos Sustentables en la Unidad Politécnica Interdisciplinaria de Energía y Movilidad.

Su compromiso con la difusión del conocimiento y el fomento de prácticas sostenibles en los negocios se evidencia en su labor como facilitadora del Taller de Innovación Social y Modelos de Negocios Sustentables en comunidades rurales. Además de su destacada carrera académica, la Dra. Torres Rivera cuenta con experiencia en consultoría, lo que enriquece su perspectiva debido a la aplicación práctica de su experiencia en el ámbito profesional.

Desde 2018, la Dra. Torres Rivera ha consolidado sus líneas de investigación en Innovación Social en Modelos de Negocios Sustentables y en las aplicaciones de la inteligencia artificial en el ámbito de los negocios. Las aportaciones derivadas de las actividades de investigación se ven reflejadas en una serie de artículos publicados en revistas académicas reconocidas, que abordan temas como la inteligencia artificial en los modelos de negocios, las estrategias de negocios, la responsabilidad social y la competitividad, así como aspectos relacionados con la eco-eficiencia y la eco-innovación. Su dedicación y contribuciones la han llevado a ser reconocida como miembro del Sistema Nacional de Investigadores en el Nivel I, validando así su destacado perfil investigativo y su impacto en el ámbito académico y profesional.

La Dra. Torres Rivera es miembro activo de diversas asociaciones científicas y profesionales, entre las que se incluyen la Red de Medio Ambiente del Instituto Politécnico Nacional, la Red de Investigadores de la Competitividad y la Red Temática Mexicana para el Desarrollo e Incorporación de Tecnología Educativa (RED LaTE México-CONACyT).

Agradecimientos

Agradecemos sinceramente a todos aquellos cuya dedicación ha impulsado el progreso de la ciencia y la tecnología en el ámbito energético. La inteligencia artificial es un valioso puente entre el conocimiento tradicional y las fronteras emergentes de la innovación en la ruta de una transición energética. Este libro es un testimonio de nuestra profunda admiración y gratitud hacia el Instituto Politécnico Nacional y la Unidad Profesional Interdisciplinaria de Energía y Movilidad por su incansable labor.

También, nuestra gratitud al Instituto Politécnico Nacional por el financiamiento otorgado al proyecto de investigación Inteligencia Artificial para Modelos de Negocios Energéticos en la transición hacia la sostenibilidad. SIP 20221906, del cual se desprende la presente obra.

Contenido

Prólogo

Cuando escuché por primera vez el término de inteligencia artificial (IA) ya de una manera generalizada como algo que en cierta medida puede ayudarnos a organizar nuestras actividades y nuestras vidas, pensé que se trataba de una especie de ser supremo, algo que lo iba a saber todo. Así, mi sorpresa fue cada vez más grande cuando comencé a solicitarle a la inteligencia artificial que me dibujara un rostro sonriendo o una fiesta entre amigos, un paisaje lleno de sol con verdes y frondosos árboles, que me explicara un fenómeno físico o el comportamiento de los mercados financieros; entonces, cada vez más impresionado me cuestioné, ¿cómo es posible que haya algo o alguna forma de reunir tanto conocimiento y que te lo proporcione a manera de conversación? Entonces se me ocurrió hacerle una pregunta del campo en el que he trabajado durante muchos años, las termociencias, y le solicité que me explicara la diferencia conceptual entre el número de Biot y el número de Nusselt, ambos grupos adimensionales de propiedades físicas y geométricas que correlacionan la transferencia de calor en una frontera entre los mecanismos de conducción y convección. Grande fue mi sorpresa cuando por primera vez detecté un error conceptual en la IA. Entonces, en el diálogo ya establecido con mi teléfono móvil, interfaz con la que me comunico con la IA, le aclaré que la diferencia entre ambos números es que uno mide la conductancia interna del fluido y el otro mide la conductancia del sólido con el cual el fluido está entrando en contacto; además, el término convectivo sí es el mismo para los dos. Ante esta aclaración, la IA me dijo, más o menos: «Tienes razón, voy a tomar nota de esta precisión y te ofrezco una disculpa por la confusión». Entonces la IA me sorprendió más, porque me di cuenta de que, además de tener altos conocimientos, realmente posee inteligencia y también es amable. Por supuesto que en reiteradas ocasiones le hice la misma pregunta y jamás volvió a caer en el mismo error conceptual.

Así, al interaccionar directamente con la IA vamos comprendiendo su valor, el mismo que al principio fue considerado como un mito por innumerables personas acostumbradas a la elaboración de complejos modelos de cálculo, estrategias financieras o sofisticados diseños estructurales que, con toda seguridad, ya forman parte del conocimiento de la inteligencia artificial, de la misma manera que ya sabe la diferencia entre los números de Biot y Nusselt en los fenómenos de transporte.

Es aquí donde radica el valor de la presente obra, que nos presenta al gran aliado que es la inteligencia artificial desde los aspectos más básicos de nuestras vidas, pasando por la vigilancia de nuestros hogares, el control de los sencillos electrodomésticos y la optimización de los consumos energéticos de nuestros hogares, lugares de trabajo y medios de transporte, hasta complicados procesos de generación, transmisión y distribución de energía, transitando por las posibilidades infinitas de negocio que ellos representan. Es muy difícil encontrar aspectos cotidianos en los que no se encuentre ya presente la IA.

De la misma manera en que la IA está estructurada y trabajando para nosotros inclusive a través de dispositivos comerciales, también está presente en las investigaciones, cálculos y elaboración de políticas públicas para una transición energética, incluyendo todos los procesos y negocios que se requieren para que esto ocurra. Por supuesto que aún existen muchos retos por superar para el asentamiento de la inteligencia artificial en la transición energética. En el ámbito nacional, al igual que en el internacional, el consumo de electricidad representa acaso un 20 % del uso final de la energía; sin embargo, los mercados energéticos se han volcado a definir y asignar roles a diferentes participantes en los mercados eléctricos, tales como generadores, transportistas, comercializadores y usuarios (básicos, calificados y exentos) en el uso de la electricidad. No es el caso de la energía térmica, fundamentalmente aquella que se obtiene a partir de la combustión de los hidrocarburos. Si bien el mercado de los hidrocarburos sí se encuentra regulado y bien definido, igualmente con productores, refinadores, transportistas y distribuidores, no sucede lo mismo con el producto de la combustión, que es el calor. En efecto, para generar calor, cada industria, comercio u hogar lo hace de la mejor forma posible, buscando quizá la mayor eficiencia, pero ese calor se consume localmente sin transportarse a otras localidades. Esta diferencia de naturaleza de ambos flujos de energía, electricidad y calor se debe fundamentalmente a que la primera se puede confinar, transmitir a grandes distancias y distribuir, siempre a través de ciertas redes relativamente bien instrumentadas con equipos de medición y control, lo que hace más fácil su comercialización. No sucede lo mismo con el calor: al menos en México no es común ver conductos que conducen calor, como si hay torres que conducen electricidad.

Ciertamente, la evolución tecnológica nos lleva a un mayor consumo de electricidad, renunciando paulatinamente a los equipos tradicionalmente térmicos. Baste con pensar en la reconfiguración del parque del autotransporte en vehículos eléctricos y, más aún, la sustitución en los hogares de equipos térmicos como estufas y *boilers* por equipos eléctricos como estufas de inducción, regaderas eléctricas o boilers eléctricos con almacenamiento de agua caliente que ya pueden operar también con paneles fotovoltaicos.

He aquí la necesidad de ir integrando elementos de control sobre equipos y dispositivos que ya son más fácilmente controlables en su consumo de energía, como es el caso de los que operan a partir de la energía eléctrica. Sin embargo, surge otra gran área de negocio para establecer la plataforma de la inteligencia artificial en el control de nuestros equipos y dispositivos: la instrumentación. Si bien muchos de los dispositivos actuales poseen elementos de medición y control, no todos poseen la calibración y precisión necesarias para colaborar confiablemente en las tareas propias de la inteligencia artificial. La utilización efectiva de la inteligencia artificial en el control de procesos industriales y de información depende en gran medida de la calidad y precisión de los datos de entrada proporcionados por los instrumentos de medición. Mediante la aplicación de la IA se van generando historiales de operación y funcionamiento de los dispositivos, de tal manera que sensores y medidores de baja calidad pueden generar históricos distorsionados y, por tanto, puede ser complicada la detección de anomalías o fallas en un determinado proceso o actividad encomendada a la IA, y consecuentemente se complicará la interpretación para los modelos predictivos sobre el mantenimiento.

Todo lo anteriormente descrito opera fundamentalmente a favor de la eficiencia energética, la cual es una técnica para aprovechar al máximo posible la energía suministrada y es considerada, con toda justicia, como una fuente limpia de energía. No obstante, como se trata de añadir mayor capacidad de generación y sobre todo de energías limpias al Sistema Eléctrico Nacional, veamos cómo la IA puede operar en el diseño de las plantas generadoras con energías renovables como la solar.

La energía solar fotovoltaica se ha convertido en una de las fuentes de energía renovable con mayor viabilidad y en rápido crecimiento a nivel mundial. Para aprovechar al máximo este recurso, es crucial contar con herramientas efectivas que permitan analizar y procesar los datos históricos de radiación solar y condiciones meteorológicas con el fin de diseñar plantas solares eficientes a pequeña y gran escala. En este contexto, la inteligencia artificial se convierte en una tecnología fundamental para optimizar la planificación y el diseño de estos sistemas solares.

Tradicionalmente se han manejado dos modalidades de análisis de datos históricos para predecir los perfiles de radiación solar para una localidad determinada: por un lado, están los modelos paramétricos o de días claros, preferentemente usados en localidades de escasa nubosidad, como zonas desérticas, y por otro lado están los modelos estadísticos que se basan en índices de nubosidad, o de claridad atmosférica, como los definen algunos autores y que se usan en zonas lluviosas. De cualquier manera, ya sean modelos paramétricos o estadísticos, la participación de la IA resulta fundamental. Esta se encargará de asignar el modelo más adecuado según la localidad y lo aplicará para el análisis cuando los ingenieros y diseñadores deban predecir el comportamiento y la producción de energía eléctrica para elaborar sus modelos económicos. Así, la integración de la IA en el análisis de datos históricos de energía solar representa una oportunidad significativa para mejorar el diseño, la planificación y la gestión de plantas solares a pequeña y gran escala. Al aprovechar las capacidades de la IA en la recopilación, el procesamiento y la predicción de datos, así como en la optimización de los sistemas solares, las empresas y los desarrolladores pueden lograr una mayor eficiencia, rentabilidad y sostenibilidad en sus proyectos de energía solar.

Tanto a los proyectos de energía solar como a los de energía eólica les afecta mucho la variabilidad del recurso, por lo que mucha gente se refiere a estos tipos de energía como energías intermitentes. Para contrarrestar esta problemática viene cobrando mucha fuerza el almacenamiento de energía, principalmente a base de baterías. El análisis de la inversión en esta tecnología en conjunción con la variabilidad de los precios en el mercado de energía, así como del orden de despacho, presenta un amplio campo de acción para la utilización de la IA en la formulación de ofertas en el mercado eléctrico y la correspondiente evaluación financiera de las mismas, evidentemente en comparación con la utilización de recursos altamente contaminantes y cada vez más escasos como lo son los hidrocarburos.

Podremos seguir enumerando las posibilidades infinitas que proporciona la utilización de la IA, como, por ejemplo, en los sistemas inteligentes de transporte, donde ofrece un gran potencial para optimizar el flujo de tráfico, mejorar la seguridad vial y gestionar de manera más eficiente las flotas y la logística, así como brindar una experiencia de usuario mejorada. Al aprovechar las capacidades predictivas, de análisis y de toma de decisiones de la IA, los sistemas de transporte pueden adaptarse mejor a las necesidades de los usuarios y lograr mayores niveles de eficiencia, sostenibilidad y seguridad.

En la presente obra los autores abordan notablemente los principales pasos para integrar la IA en los negocios sostenibles, pasando por rigurosas revisiones bibliográficas, análisis de metodologías y estrategias, índices de sostenibilidad y evaluación. Se abordan también temas complicados en el planteamiento de los negocios energéticos en el sentido del concepto del suministro de la energía, ¿es la energía un derecho de la población o un producto de mercado? Cualquiera que sea la concepción de la energía, la aplicación de la inteligencia artificial nos resulta extremadamente útil y la presente obra nos introduce de manera brillante a este fascinante mundo.

Introducción

La economía digital demanda el uso de energía en un mayor volumen. Pero al incorporar y transitar hacia la descarbonización de las cadenas productivas, con la incorporación de las fuentes renovables se modifica la dinámica de los mercados energéticos y de los mecanismos que se usan para incrementar la competitividad de los sectores productivos, públicos y sociales. Desde este contexto, de la pertinencia y la calidad de la energía, se plantea como objetivo de la obra abordar las aplicaciones de la inteligencia artificial en los modelos de negocios energéticos sostenibles como una vía hacia la transición energética.

El presente libro tiene su origen en una investigación que se inició en 2022, con propósitos puntuales: construir un panorama de los desafíos que plantea la transición energética para conocer la situación de los modelos de negocios sostenibles. En esta etapa las preguntas se orientaban al funcionamiento de los negocios dentro del sector para enfrentar el problema del cambio climático y el trilema energético. Con la finalidad de encontrar respuestas se realizó una revisión de la literatura.

Derivado de lo anterior, se encontró que un desafío esencial en el ámbito energético se centra en abordar la variabilidad inherente de las fuentes de energía renovable, originada por su profunda dependencia de las condiciones climáticas, así como en enfrentar el crecimiento de la integración en la red eléctrica. Esta última circunstancia conlleva una intensificación de la incertidumbre y la complejidad tanto en las interacciones transaccionales como en la operatividad de la red, lo que impacta directamente en la concordancia entre la oferta y la demanda de energía.

En este contexto, la inclusión de la IA surge como un instrumento idóneo para la exploración y formulación de estrategias y dispositivos orientados a mitigar el impacto adverso sobre el entorno ambiental. Estas tácticas involucran la reconfiguración integral de la matriz energética, abarcando no exclusivamente el ámbito de la producción, sino extendiéndose también hacia la distribución y el consumo de energía, todo ello en consonancia con un enfoque sostenible.

En este escenario, los pilares de la eficiencia energética, la transición hacia fuentes más sostenibles y la garantía de la seguridad en el suministro energético constituyen el marco conceptual que guía tanto el diseño de modelos de negocios como la reconfiguración de los mercados energéticos. Además, se redefine la función de las instituciones y de los participantes dentro del sector energético, adecuándolos a la dinámica emergente impulsada por la transformación tecnológica y los imperativos medioambientales.

En el primer capítulo se aborda la transición energética y se determinan los cambios en los modelos de producción, distribución y consumo de la energía centrados en la sustitución de los combustibles fósiles por fuentes de energías renovables. El capítulo dos presenta el uso de las aplicaciones de la inteligencia artificial (IA) en el sector energético. Con tal fin, se identifican las aplicaciones de la IA que configuran los modelos de negocios en el sector energético y la facilitación de las condiciones para adoptar y usar energías sostenibles. En el capítulo tres se propone fortalecer las capacidades dinámicas asociadas a la satisfacción de la demanda con base en modelos de negocios energéticos sostenibles (MNES) que operan en los sistemas energéticos y redes inteligentes.

En el capítulo cuatro se aborda la adopción de la IA en la operación de los MNES en el contexto de una economía impulsada por la construcción de un futuro energético más limpio, sostenible y una sociedad más equitativa. Finalmente, en el capítulo cinco se analizan las tendencias de la innovación de los MNES que contribuyen a la transición energética con especial atención a las implicaciones éticas en la aplicación de la IA.

CAPÍTULO 1
LOS NEGOCIOS Y LA TRANSICIÓN ENERGÉTICA SOSTENIBLE

Karla Gutierrez Zayas-Bazán

Alma Delia Torres Rivera

La declaración concerniente al fenómeno del cambio climático subraya la íntima vinculación entre la actividad antropogénica y la explotación de recursos combustibles de origen fósil, cuya combustión emite gases de efecto invernadero —entre otros, el dióxido de carbono—, los cuales quedan atrapados en la atmósfera, induciendo así un incremento en la temperatura global del planeta. Abordar de manera efectiva la problemática del cambio climático a nivel mundial y la finitud de los suministros de combustibles fósiles conlleva una transformación profunda en la configuración de la matriz energética, que abarca no solo las etapas de generación, transmisión, distribución y consumo de energía, sino que también involucra un enfoque intrínsecamente sostenible que garantice la viabilidad y equidad intergeneracional.

Ante este panorama, se reconoce que la Transición Energética (TE) es una estrategia esencial para abordar las emisiones de gases de efecto invernadero y, en consecuencia, mitigar los efectos del cambio climático. La TE tiene la capacidad de ser sostenible y respetuosa con el medioambiente. También tiene un potencial importante en la construcción de un futuro más seguro y habitable para las generaciones venideras. En esta dirección, la transformación digital del sector energético tiene impactos económicos, sociales y ambientales en la ruta hacia la TE.

En este capítulo se abordan los temas fundamentales para reflexionar sobre la ruta de la TE como un desafío global. A través de un análisis integral de la investigación existente entre 2015 y 2023, se busca proporcionar una comprensión profunda de los aspectos que impulsan y dan forma a la transformación del sistema energético hacia uno más sostenible y adecuado para las necesidades presentes y futuras de la sociedad.

Con este fin se estableció la agenda del capítulo en cinco secciones. En la primera se presenta el papel de la energía en la era de la digitalización. Después, la atención de la segunda sección se centra en el acceso y equidad a la energía como un bien social, mientras que en la tercera sección se identifican los principales factores que inciden en la dinámica de los mercados energéticos. En la cuarta sección, nos enfocamos en la sostenibilidad como imperativo categórico de la transición energética. Finalmente, en la quinta sección, se presenta un panorama general de los modelos emergentes de los negocios energéticos.

1.1 LA ENERGÍA EN LA ERA DE LA DIGITALIZACIÓN

La energía en la era de la digitalización tiene una relevancia social crucial para el desarrollo sostenible de las naciones. La energía ocupa el centro de atención de las políticas públicas, principalmente debido a que ningún país puede alcanzar la soberanía energética sin la implementación de políticas energéticas transparentes y de largo plazo. Estas políticas deben promover la ejecución de programas, proyectos e inversiones que garanticen la autonomía y seguridad energética, modernicen la infraestructura y el almacenamiento, y establezcan una gobernanza efectiva en la gestión del sector, orientada hacia la TE.

La mayoría de los países en todo el mundo dependen en gran medida de los combustibles fósiles en su consumo energético, y sus economías están comprometidas en lograr la diversificación, la resiliencia y la sostenibilidad en la producción de energía. Esto es fundamental para reducir la huella de carbono asociada a las actividades del sector energético.

Nazari & Musilek (2023) resaltan que la transformación digital tiene como principales beneficios la mejora de la eficiencia, la reducción de costes y la optimización de la experiencia del cliente. Los impactos de la digitalización en la seguridad energética señalan un marco de actuación para los negocios digitales, para mejorar tanto la aceptabilidad como la capacidad de desarrollo en términos de seguridad energética. Por otro lado, la digitalización en los servicios públicos contribuye al logro del séptimo objetivo de la Agenda 2030 (Ha, 2022).

Uno de los aspectos más destacados en la transición energética es la reconfiguración de la matriz energética. Se entiende como el conjunto de fuentes y formas de energía que un país o región utiliza para satisfacer las necesidades energéticas de su población y sectores públicos, privados y sociales. Esta composición abarca tanto las fuentes fósiles, como el petróleo, el gas natural y el carbón, así como fuentes alternas como la nuclear, la hidroeléctrica, la eólica, la solar y la biomasa, por nombrar algunas (Hoppe & Miedema, 2020).

La configuración de la matriz energética de un país tiene un impacto significativo en el desempeño económico, la seguridad energética y la huella ambiental. Además, influye en los precios de la energía, dependiendo del tipo de fuente de energía y la infraestructura disponible para la generación, transmisión, distribución y consumo. Por lo tanto, la diversificación de la matriz energética, incluyendo la transición hacia fuentes de energías renovables y sostenibles, se ha convertido en una prioridad para muchos países, en aras de contrarrestar los efectos del cambio climático y garantizar la seguridad energética.

En la planificación energética, el término "matriz energética" ha sido empleado para describir la distribución de las fuentes de energía. Esta matriz se compone tanto de energías fósiles como de energías limpias y renovables. Las energías fósiles, como el petróleo, el gas natural y el carbón, se utilizan principalmente para generar electricidad. En contraste, las energías renovables, como la solar, la eólica y la hidroeléctrica, no emiten contaminantes y las energías limpias cumplen con umbrales establecidos en regulaciones legales en términos de emisiones y residuos (Villavicencio & Millan, 2020).

De acuerdo con Wang (2020), las energías renovables se clasifican según su complejidad de instalación en las siguientes categorías:

- Energía eólica: Aprovecha la fuerza del viento de manera sencilla para generar electricidad, evitando así la contaminación y contribuyendo al desarrollo sostenible. Además, es una fuente inagotable y reduce la dependencia de los combustibles fósiles.

- Energía solar fotovoltaica: Transforma directamente la radiación solar en electricidad mediante paneles solares que incorporan celdas fotovoltaicas. Existen diferentes tipos, como paneles fotovoltaicos, térmicos y termodinámicos. Los paneles fotovoltaicos, compuestos por células fotovoltaicas en arreglos modulares, no emiten CO_2, lo que los hace altamente sostenibles.

- Energía termosolar: Concentra la radiación solar con espejos para calentar un fluido y generar vapor, que a su vez se convierte en electricidad. Se emplean tecnologías como cilindros parabólicos y torres solares, que no requieren flujo de fluido circulando por el campo solar.

- Paneles solares: Utilizan la radiación solar en sus distintas variantes tecnológicas y representan una eficaz estrategia para reducir las emisiones de gases de efecto invernadero.

- Energía hidráulica: Aprovecha la energía cinética y potencial del agua en movimiento para generar electricidad limpia.

Es pertinente subrayar que la reconfiguración de una matriz energética caracterizada por la ausencia de emisiones de carbono conlleva una serie de desafíos de magnitud significativa, que es esencial afrontar para conseguir con éxito una transición hacia un sistema energético que posea mayor sostenibilidad y capacidad de recuperación. En este contexto, se exponen a continuación algunas de las problemáticas más notables:

- Desafíos tecnológicos: La transición hacia una matriz energética libre de emisiones de carbono demanda la concepción y ejecución de tecnologías innovadoras y eficientes para la generación, almacenamiento, transmisión y distribución de fuentes de energía renovables. Esta ecuación engloba tecnologías como la eólica, la solar, la hidroeléctrica y la geotérmica, así como sistemas de almacenamiento energético, incluyendo baterías que aseguren un flujo estable y confiable de energía.

- Retos financieros: El tránsito hacia una matriz energética descarbonizada conlleva inversiones financieras sustanciosas para la edificación y el mantenimiento de infraestructuras energéticas renovables. Además, implica la modernización y renovación de las infraestructuras energéticas preexistentes. Esta empresa requiere la confección de modelos financieros novedosos y estrategias de inversión, capaces de enfrentar los costes y riesgos intrínsecos a una transición energética sostenible.

- Cuestiones políticas: Para promover la adopción de tecnologías renovables y la atenuación de las emisiones de gases de efecto invernadero, es imperativo el diseño de políticas públicas sustanciales. Esto incluye la instauración de incentivos, regulaciones y gravámenes sobre las emisiones de carbono, entre otros. Asimismo, la creación de marcos regulatorios que alienten la inversión de largo plazo resulta esencial para el logro de estos objetivos.

- Transformaciones sociales: La transición hacia una matriz energética sin emisiones de carbono también trae aparejados cambios significativos en los patrones de consumo y en el comportamiento de la sociedad. Este proceso engloba ajustes en el transporte, en la vivienda y en el consumo de energía en general. Asimismo, se requiere de una mayor conciencia y compromiso social para reducir las emisiones de gases de efecto invernadero.

En términos generales, la configuración de una matriz energética carente de emisiones de carbono emerge como un proceso intrincado y polifacético, que demanda un enfoque integrador y coordinado para afrontar los retos y capitalizar las oportunidades inherentes a la transición hacia una economía de bajas emisiones de carbono.

La optimización de la eficiencia energética, la realización de la transición energética y la garantía de la seguridad en el ámbito energético conforman el entorno primordial para la conceptualización de modelos de negocio. Estos modelos, implementados a través de mecanismos de coordinación multiagente, se desempeñan en los mercados asignando diversos roles y funciones a las instituciones y actores dentro del sector energético (Camarda, 2020; Hoppe et al., 2020; Li et al., 2010).

En el contexto de la era digital, la energía se erige como un recurso estratégico de máxima relevancia para las naciones. Su papel crucial comprende los dominios económicos, sociales, ambientales y tecnológicos, los cuales catalizan cambios profundos que abarcan desde la configuración de la demanda hasta la redefinición de los sistemas energéticos propios de cada nación. Asimismo, su función social ejerce una influencia vital en la forja del bienestar común.

1.2 ACCESO Y EQUIDAD: LA ENERGÍA COMO UN BIEN COMÚN

El acceso a la energía tiene beneficios económicos y sociales. En este sentido, Reddy (2015) sostiene que los servicios energéticos modernos asequibles y accesibles son esenciales para la reducción de la pobreza y el mantenimiento del crecimiento. Siguiendo esta línea, Ogundipe et al. (2018) señalan que el acceso a fuentes de energía confiables puede disminuir la pobreza, potenciar la igualdad de género y mitigar la degradación ambiental. Por lo tanto, los procesos socioculturales preexistentes median en los resultados de los proyectos de acceso a la energía, donde el género, la posición socioeconómica y la economía local son cruciales para comprender las interconexiones entre la educación, los medios de subsistencia, la salud y la energía (Kumar et al., 2022). El acceso equitativo a la energía constituye un desafío global y diversos obstáculos impiden su consecución. Según Acheampong et al. (2021), algunos de los principales desafíos incluyen:

- Acceso geográfico: La energía no está disponible en todas las regiones del mundo, especialmente en zonas remotas y rurales. La carencia de infraestructura, la inversión insuficiente y los altos costes de distribución limitan el acceso energético.

- Pobreza y bajos ingresos: Los ingresos determinan la accesibilidad a la energía y representan la principal dificultad para costear la infraestructura necesaria para conectarse a la red eléctrica.

- Tecnología y financiamiento: Una inversión sustancial en infraestructura y equipos es necesaria. La carencia de financiamiento constituye un obstáculo para el desarrollo de infraestructura energética.

- Políticas y gobernanza: Los gobiernos que no han implementado políticas y regulaciones que apoyen la inversión en servicios energéticos enfrentan retos en este ámbito.

- Cambio climático: Fenómenos naturales como tormentas, inundaciones y sequías pueden afectar a la infraestructura energética y repercutir en las comunidades, exacerbando así las consecuencias del cambio climático.

Por consiguiente, el acceso a la energía puede potenciar el desarrollo humano, aunque sus efectos varíen según la región y los componentes de ese desarrollo humano (Nillesen & Pollitt, 2016). Para lograr un acceso equitativo y sostenible a la energía, es crucial superar una serie de desafíos, que abarcan desde inversiones en infraestructura y tecnología hasta la instauración de políticas y regulaciones eficaces para atenuar los impactos del cambio climático y promover el bienestar colectivo en el contexto de la transición energética.

El concepto de bienestar colectivo en la transición energética es multifacético y exige contemplar consideraciones de justicia, sostenibilidad y prioridades sociales. En este sentido, Siciliano et al. (2021) establecen el vínculo entre el desarrollo sostenible, las transiciones energéticas de baja emisión de carbono y la justicia energética, priorizando las necesidades sociales. Hatti (2021) resalta que la transición energética posee el potencial de influir no solo en la producción y distribución de energía, sino también en la planificación de cambios y en la organización social, económica y política del sector energético.

1.3 MERCADOS ENERGÉTICOS ENTRE LO PÚBLICO Y LO PRIVADO

En los años venideros, las naciones y sus sociedades experimentarán transformaciones sustanciales, donde la energía se erigirá como uno de los pilares fundamentales que configurarán la velocidad, profundidad y alcance de la TE. Encontramos un ilustrativo ejemplo de la metamorfosis dinámica que vive la sociedad en la pandemia de la COVID-19 (Kuzemko et al., 2016). Este fenómeno dio pie a la formulación de políticas públicas orientadas a la celeridad en la descarbonización del mercado energético y a la promoción del florecimiento de fuentes de energía sostenible.

Se está produciendo una innovación constante para permitir la transición con nuevas estructuras, procesos y métricas que se introducen para guiar la toma de decisiones y la estructura de los mercados energéticos para una transición justa a una economía baja en carbono (Miller & Richter, 2014). «El futuro del mercado energético dista mucho de la certidumbre y los impactos de esta disrupción implicarán procesos de profunda reflexión y debate respecto de las decisiones que se deben considerar globalmente como parte de los compromisos internacionales» (Lámbarry-Vilchis & Moreno-Jiménez, 2021, p. 1).

IDENTIFICACIÓN DE LOS FACTORES CRÍTICOS

La imperativa necesidad de energía es una piedra angular en el engranaje funcional de cualquier economía, por lo que suscita un gran interés tanto en naciones desarrolladas como en aquellas en proceso de desarrollo. La búsqueda incansable de un suministro ininterrumpido de energía ha trascendido las fronteras de las meras consideraciones geopolíticas, como ha sido destacado por Gasser (2020). «En consonancia con este panorama, desde la perspectiva de la seguridad energética, han emergido diversas propuestas de índices y metodologías destinadas a cuantificar, en plazos variados —corto, mediano y largo plazo—, la capacidad de una entidad para manejarse con rápidas oscilaciones en el equilibrio entre la oferta y la demanda energética» (Lambarry-Vilchis y Moreno, 2021 p. 1).

La mayoría de los indicadores no tienen en cuenta los efectos indirectos en la lógica del equilibrio entre el interés público y privado. «Este es el caso del mercado energético: las decisiones de los actores tienen implicaciones en el desarrollo e implementación de la política energética de un país, y alteran la estructura de su sistema social, tecnológico, político y económico» (Valdés, 2018 citado por Lambarry-Vilchis y Moreno, 2021, p. 11).

Los mercados energéticos son sistemas complejos que están influenciados por una serie de factores críticos que pueden afectar a su funcionamiento. Entre los factores críticos más relevantes destacan los siguientes:

- Equilibrio de mercado: el comportamiento de la oferta afecta al comportamiento de la demanda en el funcionamiento del mercado energético. Por ejemplo, un aumento en los precios se deriva de la escasez de suministro, mientras que, si la oferta es mayor que la demanda, los precios pueden disminuir y puede haber excedentes de suministro.

- Tecnología: La capacidad de producir y distribuir energía de manera eficiente y confiable depende de la calidad de la tecnología y la infraestructura disponibles.

- Política y regulación: Las políticas y las regulaciones afectan a la operación y la estructura del mercado gubernamental. Por ejemplo, los incentivos fiscales y las políticas de subsidios inciden en el comportamiento de la oferta y la demanda de energía.

- Precios de los combustibles: Las variaciones en los costes de producción y los precios de los combustibles afectan a la oferta y la demanda de energía y, en consecuencia, a los precios de la energía. Por ejemplo, los precios del petróleo, el gas natural y el carbón tienen un alto impacto en el funcionamiento del mercado energético.

- Competencia: La presencia de varios competidores en el mercado ayuda a conseguir precios justos y garantiza el aumento de la calidad del servicio siempre que operen en libre competencia.

- Condiciones climáticas: Las fluctuaciones en la temperatura y la humedad inciden en la demanda de energía, y los eventos climáticos extremos afectan al funcionamiento de la infraestructura del sector, lo que se traduce en la interrupción de la producción y distribución de energía.

- Descarbonización: implica la reducción en el uso de combustibles fósiles, un equilibrio en el balance de emisiones, el suministro de energía verde y el cumplimiento de los compromisos suscritos en el Acuerdo de París (Lambarry-Vilchis y Moreno, 2021 p. 3).

- Innovación tecnológica: el sector energético es altamente sensible a los cambios e innovación tecnológica (Lambarry-Vilchis y Moreno, 2021, p. 3).

- Preferencias de consumo: el uso de la energía depende, además de su valor y disponibilidad, de los patrones y preferencias de consumo de los usuarios (Lambarry-Vilchis y Moreno, 2021, p. 3).

El funcionamiento de los mercados energéticos depende de múltiples factores críticos, incluyendo la oferta y la demanda, la tecnología, la política y la regulación, los precios de los combustibles, la competencia, las condiciones climáticas, la innovación tecnológica y las preferencias de consumo.

Haney & Pollitt (2013) sostiene que han surgido nuevas formas de propiedad pública en respuesta a desafíos como el cambio climático, la seguridad y la pobreza energética. Estas nuevas formas de propiedad pública pueden coexistir con los mercados de electricidad liberalizados y pueden tomar varias formas, incluida la propiedad mutua, como las cooperativas, los fideicomisos de consumo, la propiedad estatal y la propiedad municipal. Las diferentes formas de propiedad están asociadas con las finanzas públicas y privadas y los patrones de toma de decisiones, con la intervención de diferentes grupos de interés.

Según Kulagin et al. (2020), los mercados de combustibles fósiles se enfrentarán a una creciente oferta de fuentes de energía renovables, y se pronostica que el gas natural será el menos afectado por la transición energética (TE). En este contexto dinámico, se espera que el consumo de petróleo alcance su punto máximo antes de 2040, con políticas y regulaciones que promuevan el declive de las energías fósiles. Además, Shindina et al. (2018) concluyen que la energía térmica y eléctrica son intercambiables, y que el aumento en el coste de una de ellas conduce a su reemplazo por la otra. En el marco de la TE los mercados tienen un papel específico y su desempeño está condicionado por las limitaciones contextuales, los picos de extracción y caídas en la producción, la demanda del mercado, la escala de la infraestructura energética y el tipo de recurso energético (Batinge et al., 2019).

Ante esta dinámica, Gunningham (2012) sugiere que la innovación tecnológica y las preferencias de consumo de la industria y la sociedad en general jugarán un papel crucial en el desarrollo del nuevo mercado energético.

1.4 LA SOSTENIBILIDAD COMO IMPERATIVO CATEGÓRICO DE LA TRANSICIÓN ENERGÉTICA

El paradigma de la sostenibilidad atestigua la existencia de diversos entornos, tanto a nivel nacional como global, caracterizados por una escala dispar en términos de avance y desarrollo. En consecuencia, este paradigma se halla intrincadamente ligado a las configuraciones estructurales inherentes al sector energético y a la efectiva ejecución de políticas gubernamentales diseñadas para mitigar los fenómenos de cambio climático.

La noción de sostenibilidad como un imperativo categórico en la TE está respaldada por una variedad de autores y expertos en campos como la ecología, la economía, la ética y la política. Georgescu-Roegen (1971), Donella Meadows (1972), Herman Daly (1977), Hans Jonas (1984), Elinor Ostrom (1990), Amartya Sen (1999), Nicholas Stern (2006) y William Nordhaus (2013) han fundamentado esta idea, subrayando la importancia de equilibrar las necesidades presentes con la preservación de los recursos y la calidad de vida futura.

Con el propósito de mitigar y prevenir los desastres meteorológicos mediante la emisión anticipada y coordinada de alertas congruentes con la coyuntura imperante, se ha emprendido un enfoque interdisciplinario que se remonta a la década de los setenta. En la Tabla 1.1 se muestran las principales contribuciones teóricas que formulan los planteamientos de la sostenibilidad y su relación con la energía.

Autor	Contribuciones principales	Enfoque para fundamentar la sostenibilidad
Georgescu-Roegen (1971)	La ley de entropía y los procesos económicos	El uso y la transformación de la energía en la economía tienen implicaciones fundamentales para la sostenibilidad a largo plazo.
Donella Meadows (1972)	«Límites del crecimiento» y ecología de sistemas	Enfoque holístico y sostenible para abordar desafíos interconectados.
Herman Daly (1977)	Economía ecológica y desarrollo sostenible	Economía en estado estacionario, operar dentro de límites ecológicos.
Hans Jonas (1984)	«El principio de responsabilidad»	Decisiones éticas para supervivencia a largo plazo.
Elinor Ostrom (1990)	Gestión sostenible de recursos comunes	Gestión participativa y localizada de recursos.
Amartya Sen (1999)	Justicia intergeneracional y ética en el desarrollo	Considerar necesidades y capacidades de generaciones futuras.
Nicholas Stern (2006)	«Informe Stern» sobre economía del cambio climático	Inversión en energías limpias, reducción de emisiones.
William Nordhaus (2013)	«El casino climático: riesgo, incertidumbre y economía para un mundo que se calienta»	Propuso la integración de los aspectos económicos y ambientales en la toma de decisiones relacionadas con la política energética y climática.

Tabla 1.1. Contribuciones para fundamentar la sostenibilidad.
Nota: La triple cuenta —el impacto que una actividad tiene en las tres dimensiones: económica, social y ambiental— ha planteado una serie de rupturas con los paradigmas económicos para establecer la relación de la naturaleza y la sociedad.

De esta manera, con el objetivo de reducir y prevenir las catástrofes meteorológicas mediante la implementación de alertas preventivas y coordinadas, ajustadas en concordancia con las emergencias que surjan, la inteligencia artificial (IA) aparece como un componente central en una revolución análoga a la que Internet ha venido forjando de manera continua. Esta sinergia ha hallado aplicaciones prolíficas en una diversidad de sectores que incluyen, pero no se limitan a la agricultura, el transporte, la educación y la salud (véase Figura 1.1). En este contexto, la noción de sostenibilidad se erige como un motor impelente en la generación de innovaciones cuyos alcances, en función de su utilización, proponen alternativas con vistas a abordar los efectos del cambio climático, delineando así un porvenir mucho más auspicioso.

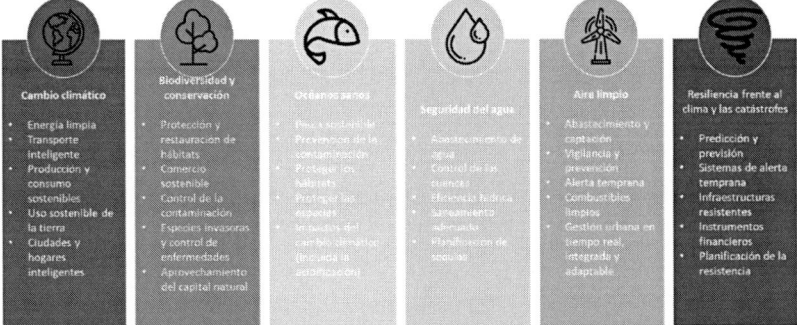

Figura 1.1 Campos de acción prioritarios ante los desafíos de la Tierra.
Nota: Tomado de World Economic Forum (2018). Áreas de acción prioritarias para abordar los desafíos de la Tierra. Imagen: PwC disponible en https://www.weforum.org/agenda/2018/01/8-ways-ai-can-help-save-the-planet/

La TE generalmente requiere de los desarrollos tecnológicos digitales, coordinación, colaboración y gestión de los procesos de suministro, comercio y consumo de energía. La integración de la oferta, la demanda y las fuentes de energía en la red eléctrica se controlará de forma autónoma mediante un software inteligente que optimiza la toma de decisiones y las operaciones.

Peñalvo-López (2017) tiene en cuenta todos los factores que intervienen en el sector energético, incluyendo la demanda, la generación, el nivel de recursos y las tecnologías, para encontrar el máximo nivel de energía posible en el sistema. Aquí, destaca el papel del modelado y la optimización, que sirven de palanca a los sistemas de planificación y programación de la producción, los problemas de ubicación y transporte, la asignación de recursos en los sistemas financieros y el diseño de ingeniería.

1.5 MODELOS EMERGENTES DE LOS NEGOCIOS EN LA RUTA DE UNA TRANSICIÓN ENERGÉTICA

La TE se orienta hacia la implementación de modificaciones en los paradigmas de producción, transmisión, distribución y consumo de energía, mediante el reemplazo paulatino de combustibles fósiles con fuentes energéticas renovables, en aras de contrarrestar las emisiones de gases de efecto invernadero (Sayed-Mouchaweh, 2020).

En la mayoría de las naciones, la infraestructura eléctrica está en un proceso evolutivo caracterizado por la búsqueda de fiabilidad y eficiencia. Este proceso implica la dirección de inversiones hacia la constitución de una red eléctrica inteligente, que viabilice el flujo bidireccional de energía y la instauración de mecanismos de consumo con sostenibilidad a largo plazo. Esto también conlleva el aprovechamiento de datos entre proveedores y consumidores, incluyendo una capa analítica inteligente para guiar la toma de decisiones, con miras a maximizar la flexibilidad, estabilidad, eficiencia y seguridad de la red (Singh et al., 2021).

Un desafío de envergadura en el sector energético es la reducción de la intermitencia inherente a las fuentes de energías renovables, cuya productividad de energía está supeditada a condiciones climáticas cambiantes, junto a la necesidad de incrementar su participación en la red eléctrica. Esta dinámica aporta incertidumbre y complejidad tanto a las transacciones como al funcionamiento de la red, lo que desequilibra la oferta y la demanda.

En este contexto, la TE supone una tarea de envergadura que amalgama las directrices gubernamentales en sus diferentes niveles, instaurando procesos innovadores como fuentes de ventaja competitiva. Esto involucra técnicas, herramientas, prácticas y servicios destinados a la reducción de pérdidas y desperdicios de energía, con repercusiones directas en la dinámica de los mercados energéticos.

Con la ampliación de la electrificación y la creciente penetración de energías renovables en el mercado, se plantean grandes desafíos, como la estabilización de la red eléctrica mediante la integración de fuentes renovables, el incremento de la participación de los usuarios para optimizar el consumo energético y el máximo aprovechamiento de energías renovables en momentos de alta demanda.

En este contexto de metamorfosis estructural en el ámbito energético, la TE pone de manifiesto la vulnerabilidad inherente al sistema energético. Los países que sobre todo dependen de combustibles fósiles enfrentan el desafío de diversificar sus fuentes energéticas. La eficiencia energética y la transición hacia fuentes renovables se integran en una política energética que persigue asegurar el abastecimiento, mantener precios energéticos accesibles, salvaguardar el medioambiente, abordar el cambio climático y mejorar las infraestructuras energéticas como factor de competitividad.

Hessling et al. (2021) argumentan que existe una intrincada relación entre la seguridad energética, el mercado energético, la eficiencia energética, la descarbonización económica y la innovación energética, lo que resalta la importancia de la evolución de modelos de negocios energéticos como un pilar fundamental para la consecución de dichos objetivos.

Es importante señalar que el desafío que enfrentan los países es equilibrar la seguridad energética, la sostenibilidad y la accesibilidad. Hessling (2021) denominó a este desafío el «trilema energético», el cual sugiere que los países deben encontrar un equilibrio adecuado entre estos tres objetivos, lo que a menudo implica compromisos y decisiones difíciles.

Por otro lado, la implementación de políticas energéticas que fomentan las energías renovables y reducen las emisiones de gases de efecto invernadero puede mejorar la sostenibilidad energética, pero puede tener un coste más alto para la seguridad y la accesibilidad energéticas.

Es vital concretar acuerdos unánimes entre el ente gubernamental, las entidades empresariales y la población en general, con el propósito de edificar un proyecto nacional de índole prolongada que tenga la capacidad de solventar las tensiones, las lagunas y las contradicciones que en la actualidad obstruyen la transición hacia una producción y un consumo energético de corte sostenible, lo que representa un cometido esencial (Villavicencio & Millan, 2020).

En el caso concreto de las empresas, las decisiones para acceder a la energía están diseñando formas innovadoras de llevar las tecnologías de energía limpias más allá de la red eléctrica. Los modelos de negocios en la gestión energética se caracterizan por la orientación de las estrategias en el desarrollo de clústeres de innovación en proyectos de descarbonización y gobernanza de transacciones a crear valor mediante la explotación de oportunidades de negocios (Haase, 2022) al adaptarse las dinámicas de mercado de la TE.

Borowski (2020) sostiene que la innovación del modelo de negocio es un factor clave de éxito en el sector de la energía, y que el diseño cuidadoso de los diferentes componentes de un modelo de negocio es un requisito previo para convertir la innovación tecnológica en valor.

De tal modo, la convergencia de la Inteligencia Artificial (IA) y el paradigma de la sostenibilidad engendra innovaciones que abren vías alternativas para afrontar los impactos del cambio climático y fomentar la sostenibilidad, configurando así una proyección hacia un futuro notoriamente más auspicioso. En este sentido, la incorporación de la IA promueve la gestación de innovaciones en los esquemas empresariales dentro del espectro energético, con el propósito de trazar estrategias y mecanismos orientados a la atenuación del deterioro ambiental, la reducción del consumo energético, la optimización del uso de la energía para aumentar la eficiencia energética y a favorecer la Transición Energética (TE).

El modelo de digitalización está impulsando la cuarta revolución industrial, que tiene como eje la IA y la emergencia de modelos de negocios energéticos sostenibles en la ruta hacia la TE. La IA desempeñará un papel integral en el logro de este objetivo. Los modelos de negocios dentro del sector energético integrarán las aplicaciones y el uso de técnicas de IA en el sector energético.

Las aplicaciones de la IA en el sector energético en (i) la generación de energía renovable, (ii) el control de la gestión de la oferta y la demanda y (iii) la tecnología para la eficiencia energética, optimización, control de mantenimiento predictivo y reconfiguración del futuro mercado energético se abordan en el capítulo dos.

REFERENCIAS

– *8 ways AI can help save the planet. (n.d.). Retrieved December 28, 2021, from 8 ways AI can help save the planet | World Economic Forum (weforum.org).*

– Acheampong, A. O., Erdiaw-Kwasie, M. O., y Abunyewah, M. (2021). *Does energy accessibility improve human development? Evidence from energy-poor regions.* Energy Economics, 96, 105165.

– Batinge, B., Musango, J. K., y Brent, A. C. (2019). *Sustainable energy transition framework for unmet electricity markets.* Energy Policy, 129, 1090-1099.

– Butt, O. M., Zulqarnain, M., y Butt, T. M. (2021). *Recent advancement in smart grid technology: Future prospects in the electrical power network.* A in Shams Engineering Journal, 12(1), 687-695.

– Daly, H. E. (1991*). Steady-state economics: with new essays.* Island Press.

– García L., A. (2019). *Los Retos de la seguridad energética y el Cambio climático: Hacia Una economía Europea Sostenible.* Cuadernos Europeos De Deusto, n.º 60 (abril), 305-39. https://doi.org/10.18543/ced-60-2019pp305-339 .

– Gasser, P. (2020). *A review on energy security indices to compare country performances.* Energy Policy, 139, 111339, 1-17. https://doi.org/10.1016/j.enpol.2020.111339

– Georgescu-Roegen, N. (1971). *The Entropy Law and the Economic Process.* Harvard University Press.

– González Celis, R. (2020). *Matriz energética mundial y el cambio climático: estado actual.*

– Ha, L. T. (2022). *Are digital business and digital public services a driver for better energy security? Evidence from a European sample.* Environmental Science and Pollution Research, 29(18), 27232–27256. https://doi.org/10.1007/s11356-021-17843-2

– Haase, M., y Motoasca, E. (2022). *Characteristics of business models for innovation clusters in decarbonation projects.* Acta Polytechnica CTU Proceedings, 38, 417-423.

− Haney, A. B., y Pollitt, M. G. (2013). *New models of public ownership in energy.* International Review of Applied Economics, 27(2), 174-192.

− Hessling, F. D., González, F. D. F., y Cadena, C. A. (2021). *Aportes para asumir el trilema energético desde una perspectiva transversal y situada.* Avances en energías renovables y medio ambiente, 25.

− Hoppe, T., y Miedema, M. (2020). *A governance approach to regional energy transition: Meaning, conceptualization and practice.* Sustainability (Switzerland), 12(3). https://doi.org/10.3390/su12030915

− Jonas, H. (1984). *The imperative of responsibility: In search of an ethics for the technological age.* University of Chicago Press.

− Kolk, A., y van den Buuse, D. (2013). *Business Models for Sustainable Energy Development.* The European Financial Review, 2013(April-May), 64-69.

− Kulagin, V. A., Grushevenko, D. A., y Kapustin, N. O. (2020). *Fossil fuels markets in the "energy transition" era.* Russian Journal of Economics, 6(4), 424-436.

− Kumar, A. (2018). *Justice and politics in energy access for education, livelihoods and health: How socio-cultural processes mediate the winners and losers.* Energy Research & Social Science, 40, 3-13.

− Kuzemko, K. C., Bradshaw, M., Bridge, G., Goldthau, A., Jewell, J., Overland, I., Scholten, D., y Westphal, K. (2020). *Covid-19 and the politics of sustainable energy transitions.* Energy Research and Social Science, 68, 101685. https://doi.org/10.1016/j.erss.2020.101685

− Lámbarry-Vilchis, F., y Moreno-Jiménez, J. C. (2021). *Mercado energético pos-SARS-CoV-2: relación estructural de sus factores críticos.* Estudios Gerenciales, 37(158), 94-103.)

− Li, J., Poulton, G., y James, G. (2010). *Coordination of distributed energy resource agents.* Applied Artificial Intelligence, 24(5), 351–380. https://doi.org/10.1080/08839514.2010.481483

− Meadows, Donella H., Jorgen Randers, y Dennis L. Meadows (1972). *The limits to growth: A report for the Club of Rome's project on the predicament of mankind, 158–175.* New York: Universe Books.

− Miller, C. (2014). *The ethics of energy transitions.* 2014 IEEE international symposium on ethics in science, technology and engineering (pp. 1-5). IEEE.

– Nazari, Z., y Musilek, P. (2023). *Impact of Digital Transformation on the Energy Sector: A Review.* Algorithms (Vol. 16, Issue 4). MDPI. https://doi.org/10.3390/a16040211

– Nordhaus, W. (2013). *The climate casino: Risk, uncertainty, and economics for a warming world.* Yale University Press.

– Ogundipe, A. A., Akinyemi, O., y Ogundipe, O. M. (2018). *Energy access: Pathway to attaining sustainable development in Africa.* International Journal of Energy Economics and Policy, 8(6), 371.

– Ostrom, E. (1990). *Governing the commons: The evolution of institutions for collective action.* Cambridge university Press.

– Reddy, B. S. (2015). *Access to modern energy services: An economic and policy framework.* Renewable and Sustainable Energy Reviews, 47, 198-212.

– Richter, M. (2013). *Business Model Innovation for Sustainable Energy: German Utilities And Renewable Energy.* Energy Policy, 62, 1226-1237.

– Sayed-Mouchaweh, M. (Ed.). (2020). *Artificial intelligence techniques for a scalable energy transition: advanced methods, digital technologies, decision support tools, and applications.* Springer Nature.

– Sen, A. (1999). *Development as freedom.* Alfred A. Knopf.

– Shindina, T., Streimikis, J., Sukhareva, Y., y Nawrot, Ł. (2018). *Social and economic properties of the energy markets.* Economics & Sociology, 11(2), 334-344.

– Stagner, J. A., y Ting, D. S. (Eds.). (2021). *Renewable Energy for Mitigating Climate Change.* CRC Press.

– Stern, N. (2006). *Stern Review: The economics of climate change.* United Kingdom.

– Unión Europea, (2011). [Comunicación de 15 de diciembre de 2011]. *Hoja de Ruta de la Energía para 2050,* 885 final.

– Villavicencio, H. D., y Millán, J. C. (2020). *La transición energética en México: disyuntivas, tensiones y avances en la ejecución del proyecto nacional.* Caravelle. Cahiers du monde hispanique et luso-brésilien, (115), 25-40.

– Wang, H. K. (2020). *Renewable Energy Management in Emerging Economies; Strategies for Growth (1ra.).* Routledge. www.routledge.com/

CAPÍTULO 2

APLICACIONES DE LA IA EN EL SECTOR ENERGÉTICO

Francisco Javier Cerda Martínez
Laura Alma Díaz Torres

En este capítulo, se procede a esbozar el conjunto de aplicaciones de la inteligencia artificial en el contexto de la transición hacia sistemas energéticos de mayor inclusión y sostenibilidad. Con tal propósito, se ha procedido a adaptar el diseño metodológico con el fin de cartografiar las publicaciones de mayor influencia en el periodo comprendido entre 2007 y julio de 2023.

Un progreso de suma relevancia tanto desde la perspectiva científica como tecnológica radica en la correlación de la inteligencia artificial con los principios de la sostenibilidad. Esta vinculación conlleva ventajas de índole social, al propiciar mejoras en las condiciones de vida y salud, fomentar la equidad y prosperidad y fortalecer la seguridad ciudadana, además de impulsar la eficiencia y eficacia de los procesos (Aguilar, 2016). Esta confluencia sitúa a la inteligencia artificial (IA) en el epicentro de diversas áreas de investigación.

El uso de la IA en el sector energético destaca las aplicaciones en la predicción y optimización del consumo o demanda de energía eléctrica, en la minimización de costes y la reducción de picos derivados de la operación de componentes o máquinas y la producción de energía durante los periodos de más alta demanda; así como la flexibilidad con el fin de lograr un equilibrio entre la demanda de energía y la producción durante los periodos de mayor demanda (Marinakis, 2021; Mohamad et al., 2020; Salem et al., 2016; Sayed-Mouchaweh, 2020).

En el primer enfoque, se observa el respaldo de las técnicas y herramientas pertenecientes al campo de la IA en el proceso de TE, que desempeñan un rol fundamental en la facilitación del acceso a la información para los agentes involucrados en los nuevos esquemas de gobernanza energética (Mite-Baidal et al., 2019). Por ejemplo, se ha aplicado el aprendizaje automático para la determinación de tarifas en aproximadamente 12 000 municipios en Alemania, lo cual evidencia un considerable potencial de la IA en el ámbito de las comunidades energéticas. Por consiguiente, el aprovechamiento de la IA adquiere una sólida justificación para su incorporación en la estimación de la demanda energética (Bogensperger et al., 2022).

Las técnicas basadas en la inteligencia artificial, orientadas a la realización de pronósticos y optimizaciones en el marco de la TE, se encuentran en la actualidad ante una serie de retos de naturaleza diversa. La capacidad de anticipar y prever el consumo de energía en relación con el tiempo es primordial para la obtención de una optimización efectiva y la preservación eficiente de los recursos energéticos. No obstante, la introducción de la variabilidad intrínseca derivada de la creciente integración de fuentes de energía renovable se perfila como una fuente sustancial de obstáculos en esta empresa, agravados aún más por las fluctuaciones inherentes en la demanda energética (Barja-Martínez et al., 2021).

En un escenario donde la tasa de electrificación experimenta un incremento paralelo al aumento del consumo de energía, se configura un panorama en el cual la reacción ante el incremento en la utilización de recursos energéticos modifica los perfiles de usuarios (Li et al., 2010). Estos nuevos perfiles, conocidos como "prosumidores", adquieren un rol dual al ejercer tanto el papel de consumidores como el de productores de energía, lo cual impulsa una notoria amplificación de la capacidad de la infraestructura de red.

Dichos prosumidores, en su calidad de actores, afectan a la disminución de costes durante periodos de demanda máxima al valerse de energía previamente almacenada o llevar a cabo la eliminación (desplazamiento) de cargas aplazables con el fin de reducir el consumo, ajustando su comportamiento según las señales de precios u otros estímulos económicos. En esta línea, las baterías distribuidas emergen como agentes que contribuyen a la robustez y fiabilidad de la infraestructura de red, pues almacenan energía que se moviliza y emplea en momentos de interrupciones y en horas de demanda acentuada. Bajo esta consideración, las perturbaciones en el sistema constituyen la causa principal de los cortes de suministro (Sioshansi, 2019).

El desarrollo de instrumentos de gestión y supervisión desempeña un papel fundamental en la salvaguardia de la seguridad, confiabilidad, eficiencia y estabilidad de los complejos sistemas energéticos. En efecto, la aplicación de la IA junto a sus respectivas técnicas y herramientas constituye un pilar de apoyo en diversos ámbitos, incluyendo la predicción de eventos (Mohamad et al., 2020; Salem et al., 2020). Estas acciones convergen con el objetivo primordial de mejorar la capacidad de respuesta durante las operaciones que involucran a los sistemas energéticos y las infraestructuras de redes inteligentes, con el propósito de asegurar su funcionamiento sin contratiempos (Mocanu et al., 2018).

2.1 LA HISTORIA Y EL PAPEL DE LA IA EN EL SECTOR ENERGÉTICO

La inteligencia artificial se define como «la habilidad de un sistema para interpretar con precisión datos externos, adquirir conocimientos a partir de estos datos y aplicar dichos conocimientos para alcanzar metas y tareas específicas mediante una adaptación flexible» (Kaplan y Haenlein, 2019, p. 5). Asimismo, se presenta una taxonomía que abarca diversas categorías de inteligencia artificial, que clasifican la IA en términos de inteligencia artificial analítica, con inspiración en el ser humano y humanizada. La Figura 2.1 exhibe los progresos tecnológicos en el ámbito de la IA (por ejemplo, ML y DL, entre otros) que están revolucionando la esfera de la industria energética.

La inteligencia artificial halla sus raíces en las contribuciones de Alan Turing, quien en 1956 acuñó el término «inteligencia artificial». Sin embargo, los avances en este campo experimentaron un estancamiento en el periodo entre 1975 y 1980 debido a la reducción del financiamiento disponible. El influyente artículo de Alan Turing (1950) titulado «Computing Machinery and Intelligence» a menudo es reconocido como el punto de partida científico de la IA (Kaplan y Haenlein, 2019; Aggarwal, 2022). (Véase Figura 2.2)

El término «inteligencia artificial» se refiere a «la ciencia de hacer que las máquinas hagan cosas que requerirían inteligencia si las hicieran los hombres» (Minsky, 1968), es decir, es «la capacidad de un sistema para interpretar correctamente datos externos, aprender de esos datos y utilizar estos aprendizajes para lograr objetivos y tareas específicos mediante una adaptación flexible» (Kaplan y Haenlein, 2019, p. 6).

La primera aplicación de IA en energía fue ECHO IV, o el «Operador doméstico de computación electrónica». Se trató del primer dispositivo inteligente comercializado en energía. Esta máquina fue creada en 1966 por un ingeniero de Westinghouse. ECHO IV era un sistema de automatización del hogar, hecho a mano con excedentes de piezas electrónicas y encerrado en cajas de madera, que informatizó muchas de las tareas domésticas que anteriormente realizaba el propietario.

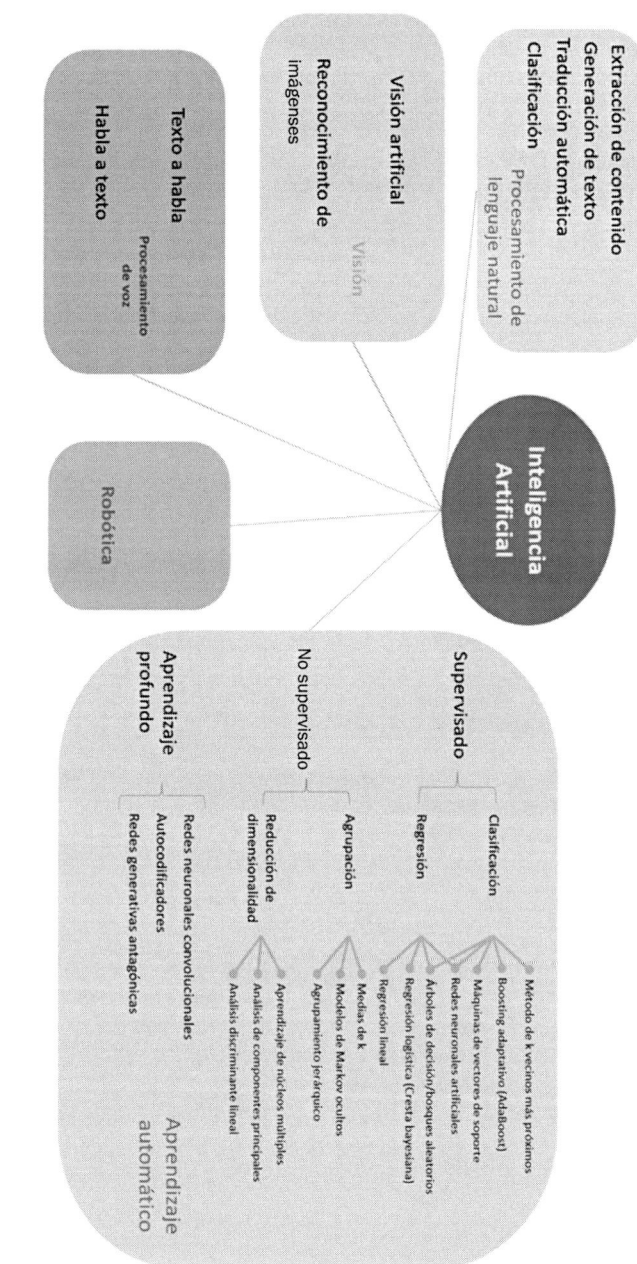

Figura 2.1 Aplicaciones de la inteligencia artificial

Nota: Adaptado de Loncaric, F., Cámara, Ó., Piella, G., y Bijnens, B. (2021). *La integración de la inteligencia artificial en el abordaje clínico del paciente: Enfoque en la imagen cardíaca. Revista Española de Cardiología*, 74(1), 72-80

En 1972 Paraskevakos produjo el primer sistema completamente automatizado de administración de carga y lectura remota de medidores, que las empresas de servicios públicos incorporaron a sus operaciones como un método para medir datos específicos de consumo, proveedores y consumidores de electricidad, el uso de la energía, el seguimiento y la facturación (Tamarkin, 1992; Tan et al., 2018).

La electrónica de estado sólido, los microprocesadores y las técnicas de ensamblaje de tecnología de montaje en superficie de bajo coste han sido componentes clave de los medidores automatizados (Tamarkin, 1992). Ahora, innumerables empresas de energía o servicios públicos están explorando las posibilidades de incorporar IA en su negocio para la eficiencia y transición energética. La IA en la energía se ocupa en gran medida del almacenamiento de energía, la gestión de accidentes, la gestión de la red, el consumo de energía y la previsión de energía (Tanveer et al., 2020).

En 1982, con el surgimiento de la teoría de las redes neuronales artificiales y la disponibilidad de las tecnologías digitales de IA, se extendió su aplicación en los procesos del suministro de energía, incluida la fijación de precios del mercado energético, la planificación de la demanda energética, la predicción de energía generada, la gestión de carga de edificios, la optimización de sistemas híbridos y la detección de fallas en la red, por mencionar los más relevantes (Quinn et al., 2014).

El almacenamiento de energía surgió para impulsar la sostenibilidad y la eficiencia. Esto permite a los clientes realizar un seguimiento de las fluctuaciones de energía para tener soluciones de almacenamiento de energía más eficientes. La gestión de accidentes también es un área importante para la IA. Las fallas en las máquinas y los accidentes son comunes en el sector energético. Sin IA, los errores humanos pueden provocar fallas masivas en los equipos y pérdidas significativas.

La IA se puede usar ahora para detectar fallas continuamente en los equipos. Con la detección oportuna de estas faltas y fallas se ahorra tiempo, dinero y vidas. Además, las redes eléctricas modernas obtienen energía de numerosas fuentes, por ejemplo, la solar, la eólica y el carbón. Con el uso de IA, las redes eléctricas aumentan la estabilidad y la eficiencia mediante el análisis de grandes conjuntos de datos en un corto periodo de tiempo (Kabir et al., 2018).

El consumo de energía es otro problema relevante en este momento a nivel mundial. Para un consumo de energía más sostenible, la IA ahora está monitoreando el consumo de energía de empresas e individuos (Chan & Daim, 2012). Un ejemplo de esto es el termostato Nest, con el que los hogares ahorraron en promedio un 12 % de la electricidad utilizada para calefacción (Milani, 2015). Otro ejemplo es una empresa llamada Energex que está pronosticando energía mediante el empleo de minería de datos con IA.

En la cuarta revolución industrial, el aumento de la productividad se asocia con la inteligencia artificial.

Algunas de las aplicaciones de IA que se usan en el sector energético son: aprendizaje automático, aprendizaje profundo, las redes neuronales, los sistemas expertos y la lógica difusa. Un ejemplo es el sistema de aprendizaje automático de Numenta, que predice los patrones de consumo de energía y la probabilidad de que falle una máquina. El aprendizaje automático también se utiliza para pronosticar la oferta y la demanda en tiempo real para las empresas de servicios públicos. Por otro lado, DeepMind de Google se ha asociado con National Grid para predecir los picos de oferta y demanda y espera minimizar el consumo nacional de energía en un 10 % (Mooney, 2018). Aunque la IA en la energía aún se encuentra en sus inicios, pronto revolucionará la industria energética.

En el campo de la ingeniería eléctrica y energética, los enfoques de IA como las redes neuronales artificiales (ANN) y los modelos de lógica difusa se han utilizado ampliamente para optimizar muchos desafíos técnicos en el sector energético (Bose, 2017), incluida la previsión de precios del mercado energético (Ghoddusi et al., 2019), la planificación energética del lado de la demanda (Macedo et al., 2015), la predicción de energía (Johannesen et al., 2019), la gestión de carga de edificios (Mocanu et al., 2016), la seguridad de datos para redes inteligentes y blockchain (Saleh et al., 2019), la optimización de sistemas híbridos, RES y gestión de big data (Zahraee et al., 2016) y la detección de fallas en la red (Ford et al., 2015).

La predicción de la energía y los precios es difícil debido a los altos picos y valles en las fluctuaciones en el suministro y la demanda de energía y las restricciones de la red. Los modelos de aprendizaje profundo se han vuelto populares recientemente para realizar este tipo de tareas de pronóstico.

La red eléctrica de nueva generación busca revolucionar la producción, transmisión, distribución y control de energía eléctrica. Para lograr las ventajas de la IA, muchos países ahora han tomado medidas esenciales para su adopción. Sin embargo, antes de que esta visión pueda cumplirse por completo, es necesario abordar muchos desafíos. Una amplia gama de riesgos, incluidos el robo de energía, la inyección de información falsa, los ataques de denegación de servicio, el cifrado de datos, los ataques de *malware*, los ataques internos, el robo de energía, etc., pueden afectar a la red inteligente. La implementación del modelo estadístico basado en la nube también ha generado grandes perspectivas para las transiciones hacia los objetivos deseados de las redes inteligentes sostenibles.

Los modelos de aprendizaje profundo se implementan en las tareas de pronóstico de la generación, transmisión/distribución y control de energía eléctrica. Sin embargo, se enfrentan a una serie de riesgos, como el robo de energía; la gestión, detección y depuración de la información falsa; los ataques de denegación de servicios; el cifrado de datos; los ataques de *malware*; los ataques internos.... Esto no es solo para los servicios públicos y las operaciones de la red eléctrica, sino que la confiabilidad de las fuentes de energía y el coste de la electricidad también son una preocupación importante para los gobiernos, los clientes y la sociedad civil (Tanveer et al., 2020).

Durante la década de 2010, comenzó a generarse un nuevo revuelo en torno a la IA, principalmente por dos motivos. En primer lugar, un mayor acceso a grandes cantidades de datos. En segundo lugar, la potencia computacional para acelerar el cálculo de algoritmos de aprendizaje. Así, se produjo un cambio completo de paradigma, desde los sistemas expertos hacia los sistemas de IA. Ya no era necesario programar reglas para los sistemas expertos. En su lugar, los ordenadores pueden aprender reglas de forma autónoma mediante algoritmos de correlación y clasificación basados en conjuntos de datos masivos (Rani & Kumar, 2017).

Toda la inteligencia artificial que se utiliza actualmente pertenece a la primera generación de sistemas de IA, también denominada «inteligencia artificial estrecha» (IAN) o IA débil, por debajo del nivel humano (Kaplan y Haenlein 2019). Estas aplicaciones solo realizan una tarea concreta y no pueden resolver de forma autónoma problemas en otros dominios. En el futuro, la inteligencia general artificial (AGI), la segunda generación de IA, también llamada «IA fuerte de nivel humano», podría planificar, pensar y elaborar soluciones para problemas y actividades para los que no ha sido programada en sus orígenes. En algún momento del futuro de la humanidad, podríamos incluso alcanzar la tercera y última generación de IA, la superinteligencia artificial (ASI), o consciente/autoconsciente, superando así a la IA de nivel humano (Tanveer et al., 2020).

La IA utilizada en muchas tecnologías energéticas modernas (véase Figura 2.3) —como DL, ML y redes neuronales avanzadas— puede mostrar un mayor potencial para el sector de servicios públicos y la transformación de energía (Altrabsheh et al., 2013). Con la descentralización, la descarbonización y el despliegue de tecnologías emergentes, los productores de energía independientes, las empresas de servicios públicos y muchas otras empresas energéticas están utilizando IA para garantizar un equilibrio entre la oferta y la demanda, lo que se ha convertido en un desafío debido a la creciente participación de las energías renovables.

La IA también ayuda a analizar y comprimir una gran cantidad de datos producidos por la industria energética. Otros usos de la IA han sido ampliamente reconocidos en varios sectores, como el almacenamiento de energía, la operación de redes autónomas (p. ej., planificación de carga máxima, alta estabilidad de la red, medición en tiempo real, operación intuitiva, regulación de voltaje), las fallas de energía (p. ej., la IA puede detectar fallas de energía antes de que ocurran y ahorrar tiempo, vidas y dinero), etc.

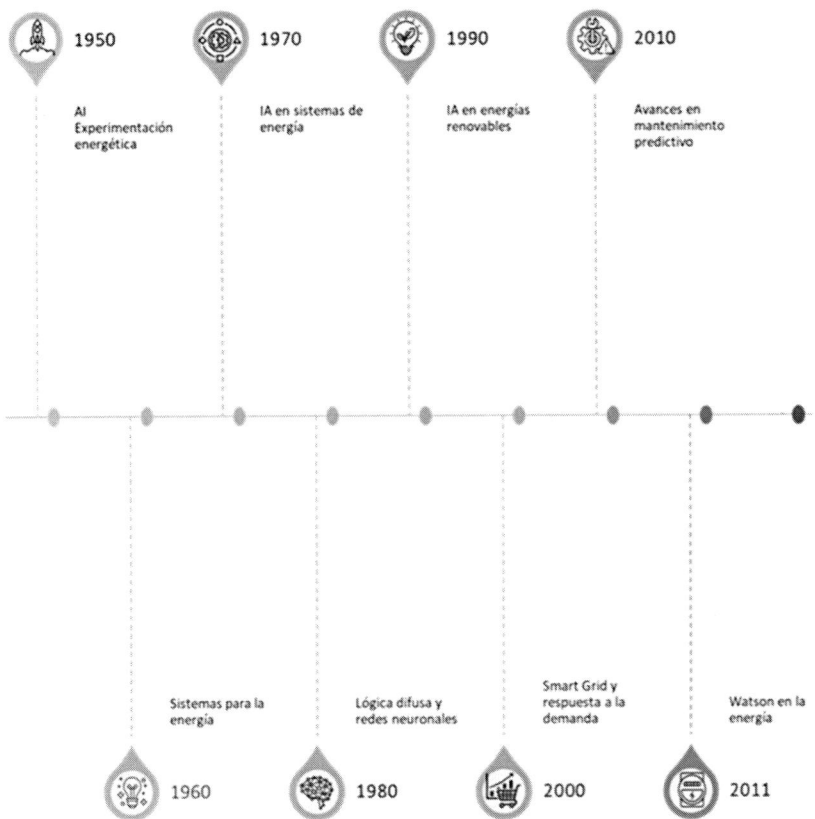

Figura 2.2 Línea del tiempo de las aplicaciones de IA en el sector energético.
Nota: Tomada de IA (2023), pág. 407 (Parte I).

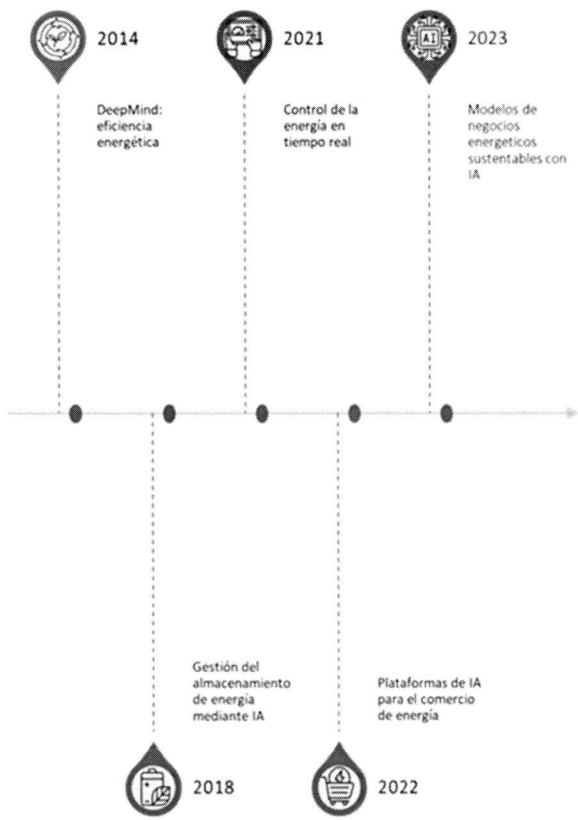

Figura 2.3 Línea del tiempo de las aplicaciones de IA en el sector energético.
Nota: Tomada de IA (2023), pág. 407 (Parte II).

Szczepaniuk (2022) indica que los algoritmos de IA, como el aprendizaje automático, los algoritmos metaheurísticos y los sistemas de inferencia difusos inteligentes, pueden mejorar los procesos relacionados con la generación, distribución, almacenamiento, consumo y comercialización de energía. Cali et al. (2021) también discutieron la aplicabilidad de las técnicas de IA, como el pronóstico de energía, el mantenimiento predictivo, los sistemas de control basados en IA, los sistemas de detección de intrusos y otros marcos de seguridad cibernética, a los sistemas de energía.

Forootan (2022) se centró específicamente en el aprendizaje automático y los algoritmos de aprendizaje profundo, que se usan comúnmente para la optimización, el pronóstico, la detección de fallas y otras aplicaciones en los sistemas de energía. Las aplicaciones de la IA en el sector energético se dan en sistemas expertos, redes neuronales, algoritmos genéticos y sistemas basados en lógica difusa.

Las aplicaciones de la IA en toda la cadena de valor de la energía se agrupan en cuatro campos principales:

1. Simulación y mejora en este campo dentro del modelado, la planificación y la simulación de sistemas de energía, así como la predicción ambiental (horas solares pico y velocidad del viento, entre otros). La ML y la IA son muy adecuadas para aplicaciones de optimización y pronóstico con capacidades significativas presentadas en este campo por redes neuronales artificiales (Quinn et al., 2014).

2. Inversión y mercados: Esta área cubre tanto los agentes autónomos de interacción del mercado de la IA como los modelos de inversión para los actores del mercado.

3. Sostenibilidad y seguridad: Este sector utiliza la tecnología para pronosticar y optimizar los programas y actividades de mantenimiento y para proporcionar medidas de protección cibernética y física para la infraestructura energética (Stetco et al., 2019).

4. Servicios orientados al cliente, al consumidor, para participar en la gestión del consumo de energía en el hogar, a la microgeneración y la integración del almacenamiento con centrales eléctricas virtuales y a la facturación y agrupación de energía.

La toma de decisiones, el modelado de los negocios y los enfoques de predicción y optimización basados en inteligencia artificial ya se están utilizando de forma emergente, basados en técnicas como el ML, los sistemas multiagente y las redes neuronales.

2.2 APLICACIONES DE LA IA EN LA CADENA DE VALOR DE LA ENERGÍA

Las aplicaciones de la IA a la gestión de la demanda en el contexto de la TE responden a los desafíos relacionados con la eficiencia energética mediante el pronóstico y control automatizado en las diferentes áreas de la cadena de valor del sector energético (Zhang et al., 2020).

Área	Tecnología
Generación	Paneles solares, granjas eólicas, generadores microhidroeléctricos, geotérmica, etc.
Almacenamiento	Baterías de litio, baterías de plomo-ácido, baterías de ácido-sulfúrico, baterías de iones de litio
Distribución	Redes inteligentes de distribución eléctrica, software de gestión de red
Gestión	Software de gestión de energía, monitoreo en tiempo real
Fuentes	Energía solar, termosolar, eólica, geotérmica, biomasa, biocombustibles, energía marina, etc.
Monitoreo y control	Monitoreo en tiempo real de la producción de energía, control remoto de los dispositivos, etc.
Comunicación	Redes inalámbricas, comunicaciones móviles, comunicaciones por satélite, etc.
Software	Software de gestión de energía, software de análisis de datos, software de control de activos, etc.
Seguridad	Cifrado de datos, autenticación de usuarios, dispositivos de seguridad física, etc.

Tabla 2.1 Áreas de la cadena de valor del sector energético.
Nota: Tabla tomada de Richter, M. (2011). *Business model innovation for sustainable energy: German utilities and renewable energy.*
www.leuphana.de/csm/

La Tabla 2.1 presenta las áreas que aprovechan las aplicaciones de la IA en el ámbito de la optimización energética. En el contexto de la generación distribuida, se implementa un sistema multiagente para gestionar la energía, integrando una diversidad de dispositivos que participan en la producción y el consumo de energía, como sistemas fotovoltaicos y aerogeneradores. Entre estos dispositivos, aquellos que actúan como consumidores energéticos se dividen en categorías de cargas fijas y cargas flexibles. Las últimas, a su vez, se subdividen en cargas desplazables y cargas eliminables. Por su parte, los generadores de energía representan fuentes locales de producción que pueden ser restringidas.

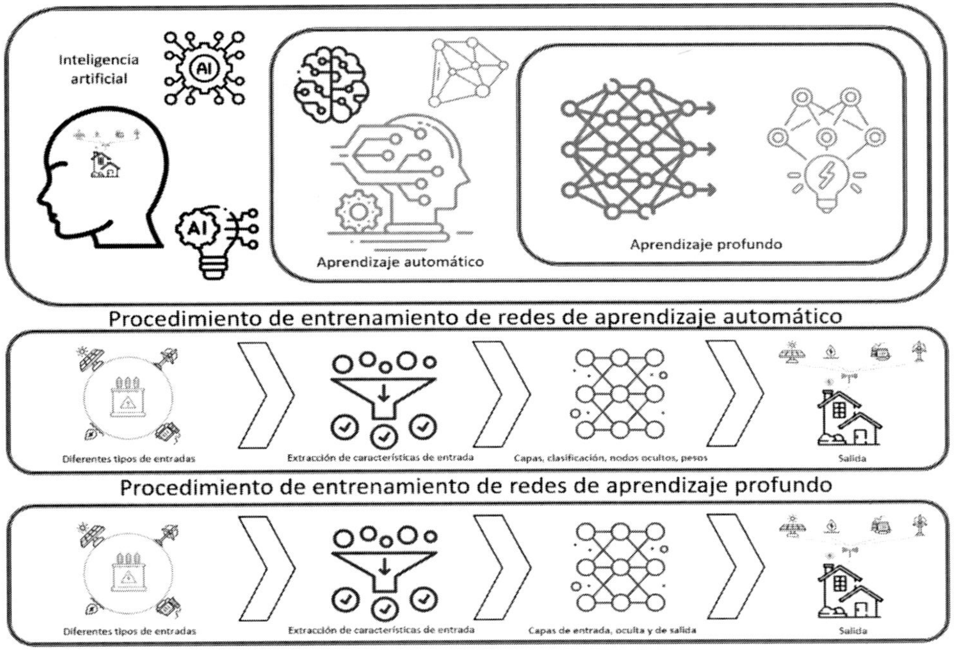

Figura 2.4 Las aplicaciones de la IA en las energías renovables.

Nota: En la integración de las energías fotovoltaica, eólica, geotérmica e hidrológica se visualiza que el DL apoya tareas de control, monitoreo, supervisión y operación del sistema eléctrico. Elaborada con base en Ahmad, (2021). p. 20

Cada uno de estos tipos de dispositivos se modelan mediante un agente individual, caracterizado por una función objetivo que incorpora tanto las restricciones del usuario como los incentivos relacionados con la respuesta a la demanda energética. El proceso de optimización persigue la meta de cuantificar la reducción de los costes energéticos, considerando diversas magnitudes de consumo fijo (cargas fijas) que deben ser satisfechas, así como cantidades de consumo flexible (cargas desplazables y eliminables) que pueden ajustarse en intervalos de tiempo específicos.

El monitoreo de la carga tiene por finalidad identificar los componentes individuales que contribuyen al consumo total dentro del conjunto global de consumo. Esta identificación se ejecuta de manera precisa sin requerir sensores adicionales, empleando únicamente la información total de consumo suministrada por el medidor inteligente. A partir de los resultados de este monitoreo, los consumidores adoptan decisiones y ajustan su comportamiento de consumo según su perfil o actividad.

Para llevar a cabo el monitoreo, se recopilan datos, se extraen características relevantes y se efectúa una inferencia utilizando enfoques de aprendizaje automático (Machine Learning, ML), los cuales pueden ser supervisados, no supervisados o semisupervisados. Estas metodologías de ML se aplican considerando diferentes tipos de características, incluyendo aspectos estables, transitorios y contextuales, con el propósito de lograr el reconocimiento preciso del estado activo de cada dispositivo.

Los métodos derivados del aprendizaje automático (ML) se emplean con el propósito de llevar a cabo el reconocimiento del estado operativo de los dispositivos. Estos enfoques son utilizados para la generación de conjuntos de datos que modelan fallos en componentes críticos, donde la obtención de datos suficientes representa un desafío considerable. En el contexto de las energías renovables, la inteligencia artificial (IA) se despliega en múltiples facetas, tal como se puede observar en la Figura 2.3.

De manera general, los resultados presentan cuatro tipos de fallos verificados: desequilibrio inducido por deformación en las palas, desequilibrio en el eje de alta velocidad, excentricidad en el estator del generador y fallas eléctricas en la resistencia del estator. El propósito subyacente al pronóstico de fallos es doble: alertar a los operadores responsables de la supervisión sobre la posibilidad de una falla venidera y otorgarles el tiempo necesario para planificar medidas de mantenimiento adecuadas.

El empleo de técnicas basadas en ML para identificar la vulnerabilidad ante ataques cibernéticos en redes inteligentes recurre a una visión global de los principales ataques que afectan a diversos componentes (tales como generación, transmisión, distribución, comunicación y consumo). Estos ataques se categorizan en tres vertientes:

- Ataques a la confidencialidad, dirigidos a obtener acceso a información ajena.

- Ataques a la integridad, donde una entidad no legítima pretende ser un componente legítimo fraudulentamente.

- Ataques a la disponibilidad, que involucran la generación de un alto volumen de tráfico para sobrecargar los dispositivos objetivo, reduciendo así su capacidad para brindar servicios.

Las redes neuronales, como técnica arraigada en la IA, desempeñan un papel fundamental en el diagnóstico de fallas en sistemas de conversión. Estos fallos pueden afectar tanto a la porción mecánica como eléctrica de estos sistemas. Una vez identificadas las fallas, se procede a aislar el componente defectuoso para llevar a cabo una investigación detallada.

En el dominio de las redes eléctricas, las redes neuronales artificiales encuentran aplicación en la predicción de flujos de energía. Esta utilización se justifica por la estimación de cargas en líneas y magnitudes de voltajes en nodos, especialmente en redes de distribución con un alto componente de recursos de energía distribuida, lo cual abarca el uso de fuentes renovables.

En la Tabla 2.2 se muestra el dimensionamiento de sistemas fotovoltaicos (SF) junto a los métodos empleados para predecir la radiación solar. La selección de estos métodos de pronóstico se rige por la precisión necesaria para los requerimientos de pronóstico, el horizonte temporal y la disponibilidad de datos.

Tipo de sistema	Métodos de dimensionamiento	Variables de decisión	Árbitro
Ser único	Algoritmo genético basado en redes neuronales	Dimensionamiento relacionado con la capacidad de generación fotovoltaica y la capacidad de almacenamiento	Mellit et al. (2010)
Sistema autónomo híbrido	Optimización de enjambres de abejas artificiales	Capacidad fotovoltaica, eólica y de pilas de combustible	Maleki y Askarzadeh (2014)
Sistema autónomo híbrido	Neuro-borroso	Capacidad fotovoltaica, eólica y de batería	Rajkumar et al. (2011)
Sistema autónomo híbrido	Optimización de enjambres de partículas multiobjetivo	Capacidad fotovoltaica, capacidad del generador diésel y capacidad de la batería	Lan et al. (2015)
Sistema híbrido conectado a la red	Algoritmo genético	Área fotovoltaica y número de aerogeneradores	González et al. (2015)

Tabla 2.2 Tamaño del sistema fotovoltaico asistido por IA.
Nota: Tabla tomada de Ahmad, T., Zhang, D., Huang, C., Zhang, H., Dai, N., Song, Y., y Chen, H. (2021). *Artificial intelligence in sustainable energy industry: Status Quo, challenges and opportunities*. Journal of Cleaner Production, pp.21-22.

La generación distribuida, donde las fuentes renovables usualmente se ubican cerca de los puntos de consumo, se beneficia especialmente de la energía solar a través de sistemas fotovoltaicos (SF). Un SF consta de una fuente de energía, un panel fotovoltaico, un inversor y un medio de almacenamiento. Los SF habilitados con IA engloban funcionalidades clave: 1) la predicción de radiación solar, 2) la estimación de variables del modelo de celda solar y 3) la determinación del tamaño requerido del sistema fotovoltaico.

En los SF la radiación solar es el principal insumo, es así como los enfoques de pronóstico y modelos están regidos por la física, métodos basados en datos y modelos híbridos (Huang et al., 2019). A continuación, se establecen las principales características:

- Modelos regidos por la física generan pronósticos con la relación entre los resultados del modelo y las entradas de datos históricos con modelos estadísticos y modelos ML (Bouzgou y Gueymard, 2019).

- Métodos híbridos integran diferentes fuentes de datos y técnicas de modelado para mejorar el desempeño de los pronósticos (Aguiar et al., 2016).

- Métodos de pronóstico (puntual y probabilístico), dadas las características de los datos solares, se pueden realizar esfuerzos en pronósticos probabilísticos.

Otro beneficio del uso de la IA radica en la identificación de parámetros:

- Análisis de simulación de los sistemas fotovoltaicos. La no linealidad de la curva de corriente-voltaje y la relación de las condiciones de funcionamiento como temperatura de las celdas y la radiación solar son las variables para establecer el tamaño del SF.

- Métodos de celdas solares. Un algoritmo de diodo único y un algoritmo de doble diodo derivado de la no linealidad y los parámetros del modelo, (resistencia de: derivación y en serie, el factor de idealidad del diodo, la saturación de la corriente).

- Métodos híbridos. Se utilizan para acelerar la convergencia y aumentar la precisión de los parámetros (Hamid et al., 2016).

El tamaño de los sistemas fotovoltaicos implica determinar la capacidad fotovoltaica y establecer el tamaño del módulo fotovoltaico, el tamaño del inversor y el tamaño de la batería, teniendo en cuenta los requisitos y las limitaciones (Rashid et al., 2016).

Las técnicas de IA se utilizan generalmente para modelar los componentes del sistema y para resolver problemas de optimización con base en la ubicación del sistema, datos meteorológicos históricos (Al Busaidi et al., 2016) y las características de la radiación solar. En la Tabla 2.3 se muestra la comparación de los modelos de celdas solares y los métodos de identificación de parámetros.

Tipo de modelo de celda solar	Método de identificación de parámetros	Observaciones	Árbitro
Diodo simple y/o doble	Analítico	Se requieren menos datos y tiempo eficiente, pero se requiere conocimiento experto	Chan y Phang (1987) Chenni et al. (2007)
Diodo único	Estimación adaptativa basada en gradientes Método de Newton Método de mínimos cuadrados amortiguados, región reflectante de la región de confianza y optimización del descenso más pronunciado	En el método determinista basado en gradientes, el cálculo del gradiente requiere mucho tiempo y se requieren datos de alta calidad	Moshksar y Ghanbari (2017) Ayang et al. (2019) Bharadwaj et al. (2016)
Diodo simple y doble Modelo explícito de doble diodo	Optimización del aprendizaje de la enseñanza por oposición generalizada Optimización basada en la enseñanza-aprendizaje	Método heurístico basado en inteligencia de enjambre, fácil de entender e implementar, pero converge a lo global Óptimo con una probabilidad	X. Chen et al. (2016) Wang y Huang (2018) Yujie Chen et al. (2018)
Diodo único	Método de mínimos cuadrados amortiguados y recocido simulado	Se aplican métodos híbridos para acelerar la convergencia y mejorar la precisión	Dkhichi et al. (2014)
Modelo de diodo único	Método Nelder-Mead hibridado con la colonia de abejas artificial		Z. Chen et al., (2016)
Modelo basado en redes neuronales artificiales	Optimización basada en gradientes	El método de modelado puro basado en datos	Bonanno et al. (2012)

Tipo de modelo de celda solar	Método de identificación de parámetros	Observaciones	Árbitro
Modelo basado en neuro-borroso	Optimización basada en gradientes		AbdulHadi et al. (2004)

Tabla 2.3 Comparación de método de identificación de parámetros y modo de celda solar.

Nota: Tabla tomada de Ahmad, T., Zhang, D., Huang, C., Zhang, H., Dai, N., Song, Y., y Chen, H. (2021*). Artificial intelligence in sustainable energy industry: Status Quo, challenges and opportunities*. Journal of Cleaner Production, pp.21-22.

La agenda de investigación asociada a las aplicaciones de la IA en la TE se organiza en cinco áreas de investigación emergentes: el papel protagónico de los prosumidores en el sector energético, la regulación, las innovaciones, la optimización y el control de las operaciones de los sistemas energéticos.

2.3 DESAFÍOS DE LA ADOPCIÓN DE IA EN EL SECTOR ENERGÉTICO

Diferentes estudios reconocen que los desafíos para integrar las aplicaciones de la IA en el sector energético están asociados a la falta de calidad de los datos e información incompleta (Zhao et al., 2013). Además, también influye la falta de infraestructura moderna por la baja calidad de los controladores, sensores y dispositivos en la operación del sistema de energía, lo que afecta a la confiabilidad y el rendimiento del sistema.

En la modernización de los sistemas energéticos se requiere del reconocimiento de los patrones de interacción en la red eléctrica, la detección de fallas y la dinámica del mercado de la energía (Liu et al., 2018). De hecho, son componentes clave de la operación. El uso de IA para integrar energías renovables es complejo en las operaciones de las redes energéticas (Puri et al., 2019), así como la detección y el diagnóstico de fallas también son desafíos complejos para los sistemas de energía (Guo et al., 2019).

Los desafíos de la adopción de las aplicaciones de la IA en la energía son:

1. La falta de habilidades clave entre los tomadores de decisiones para la evaluación e implementación de las aplicaciones de la IA. La mayoría

de las organizaciones carecen de los antecedentes tecnológicos para comprender cómo se beneficiarían de las aplicaciones de la IA.

2. Falta de profesionales cualificados para implementar las aplicaciones de la IA con beneficios prácticos reales. Uno de los problemas es la pérdida de datos; la mala configuración, el mal funcionamiento del dispositivo y el acceso no autorizado son riesgos relacionados. Debido a que el coste del error en el sector energético es alto, muchas empresas son reacias a considerar probar nuevas estrategias con poca experiencia.

3. Infraestructura obsoleta del sistema energético: Una infraestructura obsoleta es el mayor obstáculo para la modernización del sector energético. Las empresas de servicios públicos están atrapadas en una gran cantidad de datos que producen.

4. Financiamiento para la adquisición de tecnología La integración de tecnologías energéticas avanzadas e innovadoras no es barata.

5. Descentralización y diversificación: El suministro de energía está determinado por el desarrollo de tecnologías emergentes de IA y las crecientes tendencias de aumento en la demanda de energía crean problemas complejos para su producción, transmisión y consumo en todos los países del mundo.

6. Ciberataques: La creciente amenaza de ataques cibernéticos se está volviendo una gran preocupación, principalmente porque el control automatizado y la medición inteligente representan casi el 10 % de la inversión en la red global, lo que equivale a 30 mil millones de dólares al año para instalar infraestructura digital (Fickling, 2019).

Si bien el desarrollo de la IA es prometedor en el camino hacia la transición energética sostenible, también es necesario reconocer que su implementación produce una enorme cantidad de huella de carbono, lo que refleja un efecto de rebote directo. Un único algoritmo de aprendizaje de IA puede liberar emisiones de CO_2 equivalentes a cinco automóviles (Zhang, 2019). Las técnicas de IA se basan en gran medida en diferentes tipos de datos de energía, lo que contribuye directa o indirectamente a la huella de carbono global de la tecnología de la información (Nishant et al., 2020).

2.4 PROCESOS DE INTEGRACIÓN DE LA IA EN EL SECTOR ENERGÉTICO

En esta sección se presenta un resumen del análisis de los procesos e integración de las aplicaciones de IA. La IA se puede utilizar en el sector de las energías renovables, ya que puede disminuir la variabilidad y ayudar a mitigar los efectos de los eventos de rampa en la producción de energía. Esos son los desafíos clave para los operadores del sistema de energía debido a los impactos en el equilibrio del sistema, la gestión de la reserva de energía, la programación y el compromiso de las unidades generadoras.

La eficiencia energética, la transición y la seguridad energética son el marco para el diseño de modelos de negocios, así como para la reconfiguración de los mercados y la redefinición de las funciones de las instituciones y de los actores del sector energético (Milani, 2020; Wittmayer et al., 2020). Por lo tanto, la eficiencia energética es la palanca clave de la transición energética y la descarbonización del sector industrial (Rumayor et al., 2021).

La IA puede ser utilizada al instalar nuevas fuentes de energía renovable, como turbinas eólicas y parques solares, ya que el sistema se puede automatizar para girar las turbinas o los paneles solares a la posición más eficiente para la máxima generación de energía. En el caso de sobreproducción, el sistema de IA puede desviar el exceso de energía de la red y almacenarla para su uso posterior durante los momentos de mayor consumo. Todo esto es parte del sistema de red inteligente más grande.

Enfrentar el problema del cambio climático global y la escasez de fuentes fósiles requiere la reestructuración de la matriz energética tanto en la generación como en la distribución y consumo, con un enfoque sostenible.

A continuación, en la Tabla 2.4, se encuentran listadas de forma no exhaustiva las fuentes de energía y las tecnologías más empleadas para su aprovechamiento.

Fuentes	Tecnologías
Solar	Paneles solares, inversores, baterías
Eólica	Turbinas eólicas, generadores, estaciones de control
Hidroeléctrica	Presas, turbinas, generadores
Biomasa	Generadores de biomasa, reacciones químicas, procesamiento de biomasa
Geotérmica	Generadores geotérmicos, bombas de calor, intercambiadores de calor
Otras fuentes de energía	Energía de marea, energía térmica de océano, termoeléctrica termonuclear

Tabla 2.4 Fuentes y tecnologías de energía.
Nota: Adaptado de Ahmad (2021).

Como se puede observar en la Figura 2.4, existen implantaciones de la Inteligencia artificial y del internet de las cosas para el marco completo de generación y distribución en el ámbito energético.

Recientemente, tecnologías como las ya citadas han atraído el interés de las empresas de servicios públicos y los investigadores hacia el desarrollo de técnicas de pronóstico de la velocidad del viento y la irradiación solar en una amplia gama de horizontes temporales y espaciales (Jha et al., 2017).

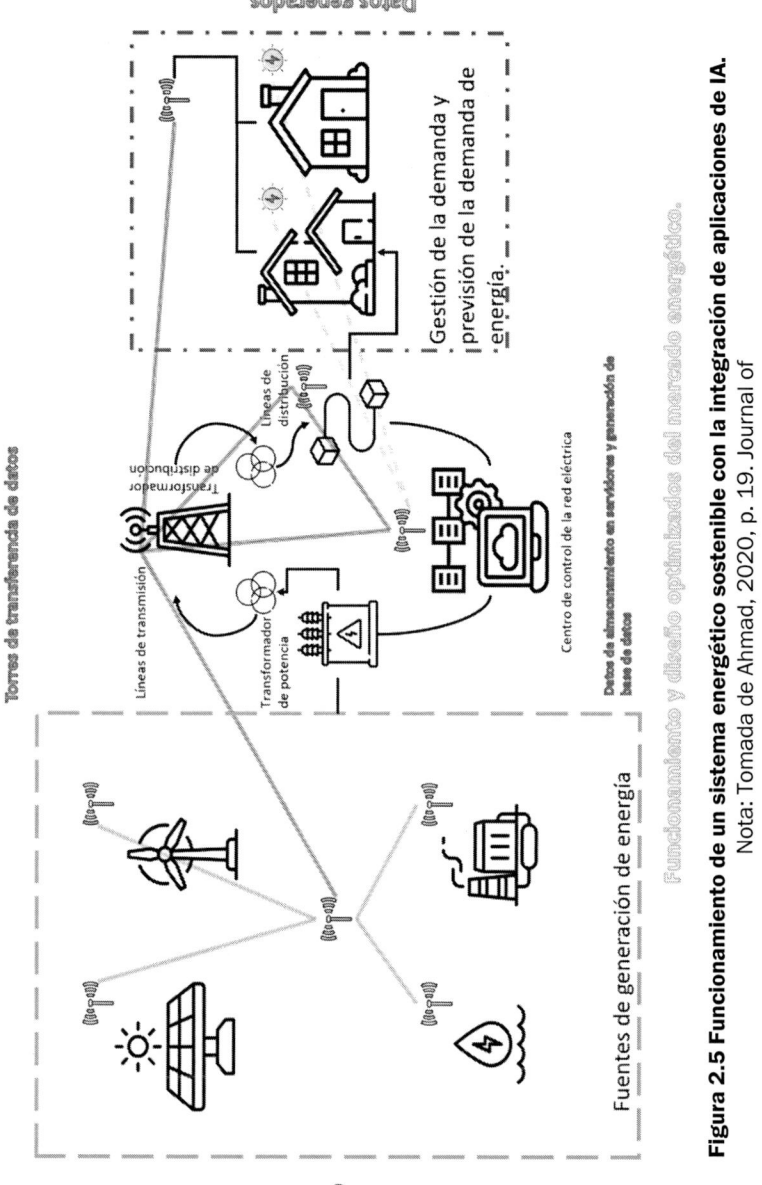

Figura 2.5 Funcionamiento de un sistema energético sostenible con la integración de aplicaciones de IA.

Nota: Tomada de Ahmad, 2020, p. 19. Journal of

Los sistemas de energía renovable y su implementación tienen múltiples ventajas en comparación con sus contrapartes convencionales. Estas ventajas se logran mediante la aplicación de aprendizaje de máquina y DL para el modelado de sistemas de energía renovable, pronósticos y optimización para el diseño de sistemas eficientes.

Por ejemplo, se puede aplicar en algoritmos de aprendizaje de máquina para la extracción y selección en sistemas de energía renovable, sistemas informáticos para energía renovable basados en Control Supervisado y Adquisición de Datos (SCADA por sus siglas en inglés) y monitoreo inteligente de la condición de los sistemas de energía solar y eólica, así como en sistemas para la toma de decisiones en tiempo real asistidos por inteligencia artificial (Vyas et al., 2022).

REFERENCIAS

- Aggarwal, C. C. (2022). *Machine Learning for Text*. Suiza. Springer Cham.

- Aguiar, L. M., Pereira, B., Lauret, P., Díaz, F., y David, M. (2016). *Combining solar irradiance measurements, satellite-derived data and a numerical weather prediction model to improve intra-day solar forecasting*. Renewable Energy, 97, 599-610.

- Al Busaidi, A. S., Kazem, H. A., Al-Badi, A. H., y Khan, M. F. (2016). *A review of optimum sizing of hybrid PV–Wind renewable energy systems in oman*. Renewable and sustainable energy reviews, 53, 185-193.

- Alan, M. (1950). *Turing. Computing machinery and intelligence*. Mind, 59(236), 433-460.

- Altrabsheh, N., El-Masri, M., Mansour, H., y Ramsay, A. (2017). *A web-based tool for Arabic sentiment analysis*. Procedia Computer Science, 117, 38-45.

- Bogensperger, A. J., Fabel, Y., y Ferstl, J. (2022). *Accelerating Energy-Economic Simulation Models via Machine Learning-Based Emulation and Time Series Aggregation*. Energies, 15(3), 1239.

- Bose, B. K. (2017). *Power electronics, smart grid, and renewable energy systems*. Proceedings of the IEEE, 105(11), 2011-2018.

- Bouzgou, H., y Gueymard, C. A. (2019). *Fast short-term global solar irradiance forecasting with wrapper mutual information*. Renewable Energy, 133, 1055-1065.

- Cali, U., Kuzlu, M., Pipattanasomporn, M., Kempf, J., y Bai, L. (2021). *Digitalization of Power Markets and Systems Using Energy Informatics*. Berlin, Alemania. Springer.

- Chan, L., y Daim, T. (2012). *Exploring the impact of technology foresight studies on innovation: Case of BRIC countries.* Futures, 44(6), 618-630.

- Chouhan, N. (2022). *Artificial Intelligence–Based Energy-Efficient Clustering and Routing in IoT-Assisted Wireless Sensor Network.* Artificial Intelligence for Renewable Energy Systems, 79-91.

- Fickling, D. (2019). *Cyberattacks Make Smart Grids Look Pretty Dumb.* Bloomberg.com, 17 de junio, 2019.

- Ford, D. N, Faghihi, V., y Hessami, A. R. (2015). *Sustainable campus improvement program design using energy efficiency and conservation.* Journal of Cleaner Production, 107, 400-409.

- Forootan, M. M., Larki, I., Zahedi, R., y Ahmadi, A. (2022). *Machine learning and deep learning in energy systems: A review.* Sustainability, 14(8), 4832.

- Ghoddusi, H., Creamer, G. G., y Rafizadeh, N. (2019). *Machine learning in energy economics and finance: A review.* Energy Economics, 81, 709-727.

- Guo, Q., Liang, F., Li, X. B., Gao, Y. J., Huang, M. Y., Wang, Y., y Wu, L. Z. (2019). *Efficient and selective CO2 reduction integrated with organic synthesis by solar energy.* Chem, 5(10), 2605-2616.

- Hamid, B., Mohammad Bagher, A., Mohammad Reza, B., y Mahboubeh, B. (2016). *Review of sustainable energy sources in Kerman.* World Journal of Engineering, 13(2), 109-119.

- Huang, C., Zappone, A., Alexandropoulos, G. C., Debbah, M., y Yuen, C. (2019). *Reconfigurable intelligent surfaces for energy efficiency in wireless communication.* IEEE transactions on wireless communications, 18(8), 4157-4170.

- Iqbal, A., y Singh, G. K. (2021). *PSO based controlled six-phase grid connected induction generator for wind energy generation.* CES Transactions on Electrical Machines and Systems, 5(1), 41-49.

- Jha, S. K., Bilalovic, J., Jha, A., Patel, N., y Zhang, H. (2017). *Renewable energy: Present research and future scope of Artificial Intelligence.* Renewable and Sustainable Energy Reviews, 77, 297-317.

- Johannesen, N. J., Kolhe, M., y Goodwin, M. (2019). *Relative evaluation of regression tools for urban area electrical energy demand forecasting.* Journal of cleaner production, 218, 555-564.

- Kabir, E., Kumar, P., Kumar, S., Adelodun, A. A., y Kim, K. H. (2018). *Solar energy: Potential and future prospects.* Renewable and Sustainable Energy Reviews, 82, 894-900.

– Kaplan, A., y Haenlein, M. (2020). *Rulers of the world, unite! The challenges and opportunities of artificial intelligence.* Business Horizons, 63(1), 37-50.

– Khatri, N., y Khatri, K. K. (2022). *Artificial intelligence for modeling and optimization of the biogas production.* Artificial Intelligence for Renewable Energy Systems, 93-113.

– Li, J., Poulton, G., y James, G. (2010). *Coordination of distributed energy resource agents.* Applied Artificial Intelligence, 24(5), 351-380.

– Liu, C. H., Chen, Z., Tang, J., Xu, J., y Piao, C. (2018). *Energy-efficient UAV control for effective and fair communication coverage: A deep reinforcement learning approach.* IEEE Journal on Selected Areas in Communications, 36(9), 2059-2070.

– Macedo, L. H., Franco, J. F., Rider, M. J., y Romero, R. (2015). *Optimal operation of distribution networks considering energy storage devices.* IEEE Transactions on smart grid, 6(6), 2825-2836.

– Marinakis, V., Koutsellis, T., Nikas, A., y Doukas, H. (2021). *AI and data democratization for intelligent energy management.* Energies,14(14), 4341.

– Metaxiotis, K., y Kagiannas, A. (2005). *Intelligent computer applications in the energy sector: a literature review from 1990 to 2003.* International journal of computer applications in technology, 22(2-3), 53-64.

– Milani, A., Camarda, C., y Savoldi, L. (2015). *A simplified model for the electrical energy consumption of washing machines.* Journal of Building Engineering, 2, 69-76.

– Mite-Baidal, K., Delgado-Vera, C., Aguirre-Munizaga, M., y Calle-Romero, K. (2019, November). *Prototype of an Embedded System for Irrigation and Fertilization in Greenhouses.* En International Conference on Technologies and Innovation (pp. 30-40). Cham: Springer International Publishing.

– Mocanu, E., Nguyen, P. H., Gibescu, M., y Kling, W. L. (2016). *Deep learning for estimating building energy consumption.* Sustainable Energy, Grids and Networks, 6, 91-99.

– Mohamad, S., Sayed-Mouchaweh, M., y Bouchachia, A. (2020). *Online active learning for human activity recognition from sensory data streams.* Neurocomputing, 390, 341-358.

– Nishant, R., Kennedy, M., y Corbett, J. (2020). *Artificial intelligence for sustainability: Challenges, opportunities, and a research agenda.* International Journal of Information Management, 53, 102104.

– Puri, V., Jha, S., Kumar, R., Priyadarshini, I., Abdel-Basset, M., Elhoseny, M., y Long, H. V. (2019). *A hybrid artificial intelligence and internet of things model for generation of renewable resource of energy.* IEEE Access, 7, 111181-111191.

– Quinn, J., Frias-Martinez, V., y Subramanian, L. (2014). *Computational sustainability and artificial intelligence in the developing world.* AI Magazine, 35(3), 36-47.

– Rani, M. D., y Kumar, M. S. (2017). *Development of doubly fed induction generator equivalent circuit and stability analysis applicable for wind energy conversion system.* 2017 International Conference on Recent Advances in Electronics and Communication technology (ICRAECT). (pp. 55-60). IEEE.

– Rashid, M. A., Iqbal, S., Khatib, F., Hoque, M. T., y Sattar, A. (2016). *Guided macro-mutation in a graded energy based genetic algorithm for protein structure prediction.* Computational biology and chemistry, 61, 162-177.

– Richter, M. (2011). *Business model innovation for sustainable energy: German utilities and renewable energy.* www.leuphana.de/csm/

– Rumayor, M., Fernandez-Gonzalez, J., Domínguez-Ramos, A., y Irabien, A. (2021). *Deep decarbonization of the cement sector: a prospective environmental assessment of CO2 recycling to methanol.* ACS Sustainable Chemistry & Engineering, 10(1), 267-278.

– Saleh, A. S., Mrabet, Z., Alsamara, M., y Anwar, S. (2019). *Urbanization and non-renewable energy demand: A comparison of developed and emerging countries.* Energy, 170, 832-839.

– Salem, H., Sayed-Mouchaweh, M., y Tagina, M. (2020). *A review on non-intrusive load monitoring approaches based on machine learning.* Artificial Intelligence Techniques for a Scalable Energy Transition, 109-131.

– Sayed-Mouchaweh, M. (Ed.). (2020). *Artificial intelligence techniques for a scalable energy transition: advanced methods, digital technologies, decision support tools, and applications.* Springer Nature.

– Serrano Puche, J. (2016). *Internet y emociones: nuevas tendencias.* Revista Científica de Educomunicación, 24(46), 19-26

– Szczepaniuk, H., y Szczepaniuk, E. K. (2022). *Applications of Artificial Intelligence Algorithms in the Energy Sector.* Energies, 16(1), 347.

– Tamarkin, T. D. (1992). *Automatic meter reading.* Public Power, 50(5), 934-937.

– Tan, P.-N., Steinbach, M., y Kumar, V. (2018). *Introduction to Data Mining.* Pearson.

- Tanveer, M., Hassan, S., y Bhaumik, A. (2020). *Academic policy regarding sustainability and artificial intelligence (AI)*. Sustainability, 12(22), 9435.

- Vinay, N., Bale, A. S., Tiwari, S., y Baby, C. R. (2022). *Artificial intelligence as a tool for conservation and efficient utilization of renewable resource*. Artificial intelligence for renewable energy systems, 37-77.

- Vyas, S., Prajapati, P., Shah, A. V., y Varjani, S. (2022). *Municipal solid waste management: Dynamics, risk assessment, ecological influence, advancements, constraints and perspectives*. Science of the Total Environment, 814, 152802.

- Wittmayer, J.M., de Geus, T., Pel, B., Avelino, F., Hielscher, S., Hoppe, T., Mühlemeier, S., Stasik, A., Oxenaar, S., Rogge, K.S., y Visser, V. (2020). *Beyond instrumentalism: Broadening the understanding of social innovation in socio-technical energy systems*. Energy Research & Social Science, 70, 101689.

- Zahraee, S. M., Assadi, M. K., y Saidur, R. (2016). *Application of artificial intelligence methods for hybrid energy system optimization*. Renewable and Sustainable Energy Reviews, 66, 617-630.

- Zhang, Z., Xi, L., Bin, S., Yuhuan, Z., Song, W., Ya, L., y Guang, S. (2019). *Energy, CO_2 emissions, and value added flows embodied in the international trade of the BRICS group: A comprehensive assessment*. Renewable and Sustainable Energy Reviews, 116, 109432.

- Zhao, Z., Lee, W. C., Shin, Y., y Song, K. B. (2013). *An optimal power scheduling method for demand response in home energy management system*. IEEE transactions on smart grid, 4(3), 1391-1400.

CAPÍTULO 3
MODELOS DE NEGOCIOS SOSTENIBLES EN EL SECTOR ENERGÉTICO

Alma Delia Torres Rivera
Karla Gutierrez Zayas-Bazán
Andrea Alejandra Rendón Peña

Los negocios energéticos sostenibles (NES) se enfocan en la eficiencia, la sostenibilidad y la responsabilidad social y ambiental. Su propósito primordial es minimizar el impacto ambiental mediante la adopción de fuentes de energía limpias, mejorando así la eficiencia energética en todos los niveles de consumo; requiere construir sistemas resilientes y fiables, garantizando el acceso universal a la energía, destacando la importancia de la equidad en el suministro energético. A través de la innovación y el desarrollo tecnológico, los NES aspiran a revolucionar el sector, promoviendo la participación activa de los consumidores en la gestión de su energía y la transición hacia prácticas más eficientes. Fundamentalmente, deben contribuir a una transición energética justa y a una economía baja en carbono, que pueda integrar el equilibrio entre la protección ambiental y el progreso económico, el bienestar social y la disminución de los combustibles fósiles.

Los combustibles fósiles como el petróleo, el carbón y el gas natural han contribuido sustancialmente al cambio climático que actualmente padecemos, por lo que es imperante abrir paso a las energías limpias a través de recursos naturales renovables, que a su vez pueden producir energía y disminuir la emisión de gases de efecto invernadero y el impacto ambiental durante su producción. Las energías renovables hacen uso de recursos naturales que son inagotables; tal es el caso del sol, del aire, del calor de la tierra, etc. La innovación y desarrollo tecnológico de estas energías mejoran los procesos para la generación, distribución y almacenamiento de la energía (véase Figura 3.1).

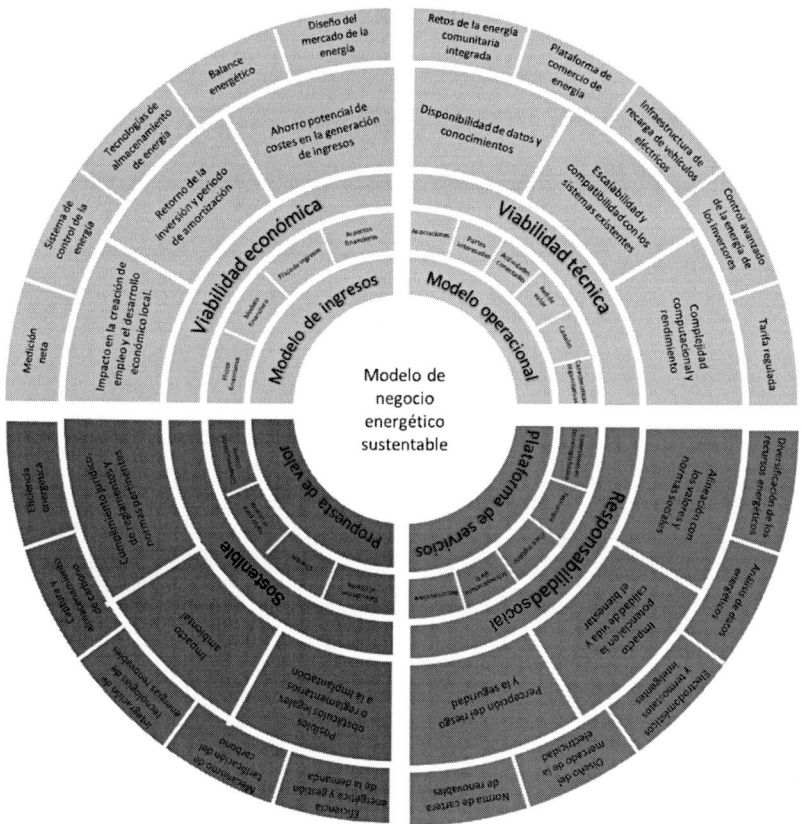

Figura 3.1 Criterios determinantes del diseño del MNES.
Nota: Adaptado de (Danish, 2023ª, p. 14-17.)

Los modelos de negocios se centran en la producción, distribución y comercialización de energías renovables como la solar, la eólica, la hidroeléctrica, la geotérmica, la biomasa y otras fuentes (Siciliano et al., 2021). Algunos de los MNES brindan soluciones con una amplia gama de proyectos de energía y un servicio personalizado para el cliente. Un ejemplo es la instalación de sistemas energéticos, auditorías energéticas y estrategias de ahorro de energía a través de la eficiencia energética o de la implementación de energías renovables.

Lo anterior provoca que haya nuevos protagonistas en el ámbito energético, y con la ayuda de las tecnologías emergentes como la inteligencia artificial y la ciencia de datos, la información generada de los sistemas energéticos desempeña un papel decisivo en la formulación de estrategias de colaboración interinstitucional e intrainstitucional entre los diversos niveles gubernamentales, agencias nacionales, colaboradores internacionales, los MNES y los prosumidores locales (Chen & Folly, 2023; R. Singh et al., 2022). Esta interacción coordinada tiene como objetivo principal impulsar una acción colectiva, orientada hacia la reducción de emisiones de carbono y los beneficios inherentes a dicha reducción.

La implementación de técnicas de inteligencia artificial para llevar a cabo predicciones y optimizaciones en el marco de la transición energética presenta una serie de desafíos sustantivos. La anticipación del consumo de energía en función del tiempo desempeña un rol vital tanto en la optimización como en la búsqueda de eficiencia energética (Marinakis et al., 2021).

Los elementos de variabilidad introducidos por la creciente presencia de fuentes de energía renovables añaden una complejidad considerable a la tarea de lograr precisión en las predicciones (Saheb & Dehghani, s. f.). Dentro del marco de la transición energética (TE), se presentan una serie de desafíos intrincados que abarcan la garantía de:

- Estabilidad de la red eléctrica mediante fuentes renovables: Implica el aprovechamiento eficaz de las energías renovables, con el propósito de contrarrestar las variabilidades inherentes a dichas fuentes energéticas.

- Participación activa de los usuarios para optimizar el consumo energético: Un aspecto esencial radica en la incentivación de la participación proactiva por parte de los usuarios, con el propósito de sintonizar y optimizar sus patrones de consumo energético en aras de una mayor eficiencia y sostenibilidad.

- Maximización del aprovechamiento de energías renovables en períodos de demanda pico: Se plantea como objetivo primordial el uso óptimo de las fuentes de energía renovable en los momentos de máxima demanda o carga, con el fin de optimizar la disponibilidad y minimizar el recurso de origen no renovable durante estas fases críticas.

A medida que se avanza en la forma de generar energía distribuida y local, vemos cambios significativos en cómo se construye y opera el sistema de energía. Esto afecta desde la manera en que se utiliza y almacena la energía hasta como se gestiona la demanda de electricidad y se integran tecnologías como las pequeñas instalaciones de energía, los dispositivos inteligentes y los coches eléctricos. En este nuevo escenario, cada participante, desde el sector residencial que puede producir su propia energía hasta las grandes empresas, tiene un papel específico. Todos tienen un objetivo en común, que es usar la energía de manera más eficiente y reducir costes. Para lograr esto, se consideran tanto las necesidades individuales como los incentivos que motivan a las personas y a las organizaciones a ajustar su uso de energía según la disponibilidad y el precio.

Hay que equilibrar estos objetivos y necesidades a través de la optimización, un proceso asistido por inteligencia artificial y algoritmos avanzados que busca minimizar los costes de electricidad y maximizar la cantidad de energía que se puede vender de nuevo a la red, todo esto basado en patrones de consumo preestablecidos que se asumen constantes.

La participación de los usuarios en la optimización de su consumo energético es una pieza clave. Por medio de la monitorización detallada del comportamiento del usuario y la interacción dinámica con los sistemas de energía, los consumidores toman resoluciones y adoptan pautas de comportamiento en relación con su consumo energético, en consonancia con su perfil o actividad específica (Salem, 2020). Con el uso de tecnologías avanzadas, tales como sensores y contadores inteligentes, además del análisis de datos impulsado por inteligencia artificial y tecnologías emergentes, es posible capturar y comprender patrones del consumo energético en tiempo real. Esta información permite ajustar la oferta energética a la demanda de manera más eficiente, minimizando el desperdicio y maximizando el uso de la energía, además de fomentar una cultura de consumo consciente entre los usuarios. Al brindar a los consumidores evaluación instantánea sobre sus hábitos de consumo, se les motiva a adoptar prácticas más sostenibles, para transformarse en participantes activos en la gestión energética.

La supervisión es ejecutada mediante el procedimiento de recopilación y análisis de datos, seguido por la extracción de atributos representativos, para culminaren la deducción de inferencias a través de la implementación de enfoques de aprendizaje automático, que abarcan modalidades tanto supervisadas como no supervisadas.

3.1 CONCEPTUALIZACIÓN DEL MODELO DE NEGOCIO

Un modelo de negocio es un plan donde se identifican productos o servicios que los emprendedores y empresarios desarrollan y comunican de manera clara y efectiva a través de un conjunto de mecanismos que se articulan para capturar, generar y entregar valor.

Según la perspectiva de Osterwalder y Pigneur (2010), se plantea como imperativo el despliegue completo de los nueve elementos que configuran el lienzo del modelo de negocios. Estos elementos engloban la propuesta de valor ofrecida, los segmentos de clientes atendidos, los canales de distribución empleados, las interacciones establecidas con los clientes, las fuentes de ingresos generadas, los recursos fundamentales requeridos, las actividades primordiales realizadas, las alianzas estratégicas establecidas y la configuración de los costes inherentes.

La proposición de valor es de vital importancia en las aproximaciones conceptuales del modelo de negocios (MN). El valor determina la configuración de la organización —crea, entrega y captura— (Osterwalder & Pigneur, 2010) y al mismo tiempo incorpora los mecanismos empleados en la arquitectura (Teece, 2010) como marco de operación (Tantau & Staiger, 2017; Zott & Amit, 2010).

El concepto de modelo de negocio sostenible (MNS) encuentra sus cimientos en la amalgama entre la noción de modelo de negocio y las teorías que se refieren a la sostenibilidad en la esfera empresarial. El MNS se caracteriza por su definición como una representación condensada de los componentes que conforman su estructura, así como las conexiones interdependientes que subyacen, que una entidad organizacional emplea con el propósito de concebir, proveer, adquirir y transmutar valor, en colaboración con una gama amplia de actores involucrados (Geissdoerfer et al., 2018). Estas interacciones fomentan iniciativas intrínsecas al contexto del desarrollo sostenible.

Figura 3.2 Componentes del modelo de negocio sostenible.
Nota: Elaboración propia.

Los MNS integran la proposición de valor, las contribuciones de las comunidades locales, los esquemas de gobernanza, la innovación social, los impactos sociales y los beneficios ambientales (Joyce y Paquin, 2016) desde una comprensión de los procesos económicos y sociales y del impacto ambiental, como se muestra en la Figura 3.2. Por lo tanto, también se puede definir un modelo de negocio sostenible que tenga como objetivo la mejora de la eficacia económica, ambiental y social del negocio mediante procesos de innovación.

Entre los factores determinantes de la innovación de los MNS, se encuentra la adopción de las tecnologías de última generación que se derivan de la búsqueda de soluciones sostenibles (El Sawy y Pereira, 2013; Nosratabadi et al., 2019). La innovación de los MNS crea un nuevo mercado que ofrece tecnologías sostenibles, que cuentan con la capacidad de modificar los arreglos estructurales de tipo tecnológico y delimitar el funcionamiento en términos de captura, generación y entrega de valor, así como transformar los elementos organizativos, las políticas de gestión y los procesos de innovación (Tantau, 2017). Se añaden, además, la responsabilidad social y la eficiencia en el uso de recursos.

En el caso del sector energético, los modelos de negocios se centran en la adopción de tecnologías más sostenibles y eficientes, así como de incentivos, subsidios, impuestos y nuevos esquemas de comercio en el mercado energético. Esto se suma al comportamiento de la oferta y la demanda y su forma de incidir en las acciones para reducir el consumo de energía y promover la sustentabilidad.

De acuerdo con Sioshansi (2019), los modelos de negocios energéticos (MNE) enfrentan una serie de desafíos y oportunidades como consecuencia de las preocupaciones por el ecosistema y la sostenibilidad. Por ejemplo, la innovación en el diseño de la propuesta de valor mediante un proceso iterativo con la adopción de una serie de medidas para adquirir nuevos conocimientos sobre los clientes y de sus diferentes grupos de interés.

Por otro lado, Vahidinasab y Mohammadi-Ivatloo (2023) plantean las siguientes posibles opciones para superar los obstáculos de la operación de MNES:

- Capacitación y formación empresarial para ayudar a los miembros a adquirir conocimientos y habilidades empresariales necesarias para la implementación de nuevos modelos de negocio.

- Redes y asociaciones para compartir conocimientos, recursos y experiencias con la finalidad de promover la colaboración y el apoyo mutuo entre pequeños generadores de energía.

- Colaboración multiactor, con la participación del gobierno, organismos reguladores y entidades de financiamiento, para abordar las barreras políticas y regulatorias que impiden la adopción de nuevos modelos de negocio en el sector energético.

- Desarrollar modelos de financiación innovadores para acceder a capital y financiamiento a tasas atractivas en la operación de los MNES.

- Acciones de colaboración entre diferentes actores que impulsen la diversificación de la matriz energética. Mejora de la gobernanza energética, hacer que los mecanismos de gestión sean más eficientes, toma de decisiones, coordinación, regulación de políticas y prácticas en materia de generación, distribución, almacenamiento y consumo de energía...

Por lo tanto, al hacer referencia a los MNES es indispensable considerar que la planificación, la seguridad y la eficiencia energéticas, así como la diversificación de la matriz energética, la integración de nuevas fuentes de energías renovables y la mitigación del cambio climático son vías para garantizar un acceso seguro, asequible y sostenible a la energía para todos.

Las tendencias emergentes en el sector energético reflejan el cambio hacia un panorama energético más sostenible, en el que se impulsa la innovación y la evolución de los modelos de negocio en este sector. Algunas de estas tendencias son:

- Almacenamiento de energía con baterías de ion-litio que permite la integración de fuentes renovables en la red eléctrica. Los modelos de negocio incluyen soluciones de almacenamiento que permiten ofrecer energía constante en largos períodos.

- Microrredes. Las microrredes son sistemas de generación y distribución a pequeña escala, las cuales pueden incluir fuentes de energías renovables, almacenamiento de energía y tecnologías de gestión de carga. Con esto, ofrecen soluciones energéticas descentralizadas.

- Economía circular y gestión de residuos. La biomasa y los residuos orgánicos están siendo aprovechados para la generación de energía renovable a través de la gestión anaeróbica y la gasificación.

- Financiamiento e innovación en los modelos de negocio. Los acuerdos de compra de energía a largo plazo (PPA, por sus siglas en inglés), el *crowdfunding* y el modelo de energía como servicio son ejemplos de modelos innovadores que ofrecen soluciones energéticas completas y eliminan la barrera de los altos costes iniciales.

- Digitalización y tecnologías de la información. La gestión y operación de los sistemas energéticos han incorporado el Internet de las Cosas (IoT), el análisis de datos o la inteligencia artificial, lo que permite el monitoreo en tiempo real y la optimización en la operación y distribución de energía, que contribuyen a su vez a la descentralización del sistema.

Desde 1999, la investigación sobre MNES se ha centrado en el diseño de mecanismos de inversión sostenible, el desarrollo de políticas energéticas que promuevan la sostenibilidad, la implementación de prácticas empresariales de responsabilidad social y la evaluación de los impactos. Los estudios han demostrado que los MNES contribuyen a la reducción de los impactos ambientales, la mejora de la seguridad energética, el desarrollo económico y la reducción de la pobreza.

3.2 PROPUESTA DE VALOR DEL MODELO DE NEGOCIO ENERGÉTICO SOSTENIBLE

Con la introducción del desarrollo sostenible en la agenda internacional, surge la preocupación generalizada sobre el papel de la energía en la promoción del desarrollo sostenible en conexión con el cambio climático y la reducción de las emisiones de gases de efecto invernadero. En los tratados internacionales como la Convención Marco sobre Cambio Climático y el Protocolo de Kioto, se desvinculan los problemas energéticos de los problemas de desarrollo.

Desde que el desarrollo sostenible se convirtió en un tema clave a nivel mundial, tiene mucha importancia el papel crucial que juega la energía en alcanzar objetivos para vivir en un planeta más saludable. Esto incluye esfuerzos globales pactados en acuerdos internacionales para combatir el cambio climático y reducir las emisiones de gases de efecto invernadero. Sin embargo, en el proceso, al enfrentar el desafío es indispensable garantizar que todos tengan acceso a la energía que necesitan para vivir y prosperar, sin dañar el ambiente ni comprometer las necesidades de las futuras generaciones (véase la Figura 3.3).

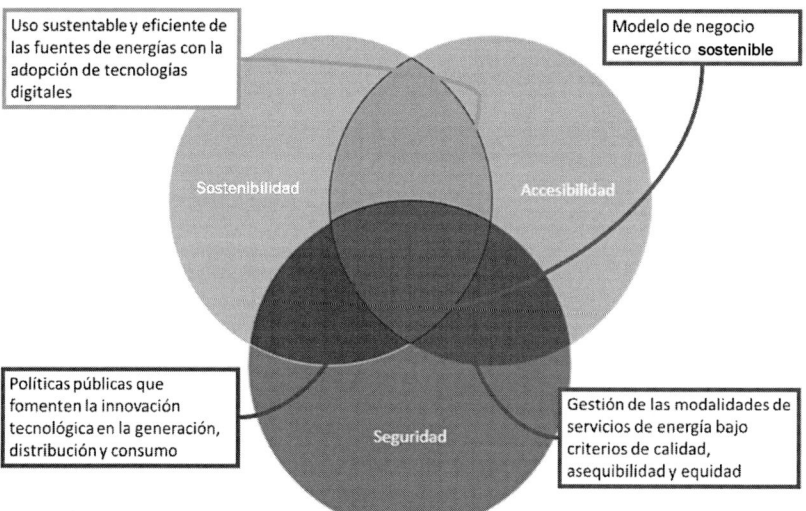

Uso sustentable y eficiente de las fuentes de energías con la adopción de tecnologías digitales

Modelo de negocio energético **sostenible**

Sostenibilidad

Accesibilidad

Políticas públicas que fomenten la innovación tecnológica en la generación, distribución y consumo

Seguridad

Gestión de las modalidades de servicios de energía bajo criterios de calidad, asequibilidad y equidad

Figura 3.3 Los modelos de negocio sostenibles desde el trilema energético.
Nota: El trilema energético como punto de referencia de los sistemas energéticos (Grigoryev y Medzhidova, 2021).

En el año 2000, el Programa de las Naciones Unidas para el Desarrollo (PNUD) destacó la importancia del acceso a la energía para promover el crecimiento económico y la equidad social, así como la necesidad de mantenerse dentro de la «capacidad de carga de los ecosistemas» para garantizar la sostenibilidad de los sistemas energéticos.

La sostenibilidad energética promueve el uso de los recursos energéticos de manera responsable para satisfacer las necesidades energéticas actuales y futuras de la sociedad, sin comprometer el bienestar de las próximas generaciones y sin causar daños significativos al medioambiente. Además, incide en la reducción de las emisiones de gases de efecto invernadero y la implementación de tecnologías limpias y renovables para el suministro de energía.

Este desafío se encuentra especialmente en las zonas rurales y en las comunidades más pobres. Aquí, los objetivos del trilema energético, es decir, la seguridad (tener energía fiable), la sostenibilidad (que sea amigable con el ambiente) y la accesibilidad (que todos puedan obtenerla), nos obligan a tomar compromisos complejos. Por ejemplo, el uso de combustibles fósiles podría hacer que la energía sea más segura y accesible en el corto plazo, pero esto puede comprometer lasostenibilidd a largo plazo. Lo anterior genera necesidades, las cuales cada sector de la población deberá enfrentar y tomar medidas necesarias, como la consideración de MNES.

La propuesta de valor de los MNES está determinada a través del desarrollo e implementación de las energías renovables, el establecimiento de marcos regulatorios que promuevan la sostenibilidad energética, el análisis de fuentes de financiación para la inversión en energías limpias, la promoción de la eficiencia energética, el desarrollo de mecanismos de comercialización para el uso eficiente de la energía, el estudio de la resiliencia energética y la evaluación (Hiteva & Foxon, 2021).

En el contexto de los cambios disruptivos que impulsan la transición energética y demandan la innovación en el diseño de los nuevos modelos de negocio, se les adjudica un papel más activo a los consumidores, y la propuesta de valor jugará un papel en los arreglos institucionales de la dinámica de los mercados energéticos y las relaciones entre los actores (Tantau et. al. 2017).

Los MNES contribuyen a mejorar la seguridad energética, reducir los costes de la energía, aumentar la eficiencia energética, promover el empleo de energías renovables, reducir los costes ambientales y contribuir al desarrollo económico (Grigoryev y Medzhidova, 2021). Además, el establecimiento de marcos regulatorios, la promoción de prácticas empresariales responsables y la adopción de políticas energéticas sostenibles ayudan a la creación de incentivos para promover la inversión en energías renovables, la creación de mercados competitivos para las energías sostenibles, la promoción de la resiliencia energética, la reducción de la pobreza energética y la evaluación de los efectos de los modelos energéticos (Nillesen y Pollitt, 2016; van Vuuren et al., 2012).

Küfeoğlu y Üçler (2021) proponen que los modelos de negocios son un vehículo para luchar contra los efectos del cambio climático mediante el uso de instrumentos económicos para fijar objetivos de reducción de emisiones, la fijación del precio del carbono e incentivos a la innovación para impulsar la descarbonización. Junto con la digitalización del sector energético y el interés por ampliar el suministro de energía renovable y mejorar la eficiencia energética para aumentar la reducción de carbono (Marinakis et al., 2021) han surgido nuevas formas de hacer negocios y relacionarse con los clientes.

Autor	Descripción
Seyed Hossein Mousavian (2020)	Sugiere el desarrollo de políticas empresariales e integración de tecnología digital para la transición hacia una economía energética sostenible mediante la seguridad energética, la política climática y el desarrollo de energías renovables. En el escenario de la digitalización se generan oportunidades de negocio y fuentes de ingresos para los proveedores de servicios energéticos y los consumidores brindan información para comprender mejor su empleo de energía.
M. Jacobson (2009)	Diseña e implementa soluciones de negocios energéticos sostenibles con la aplicación de la tecnología de energías renovables, el diseño de políticas de energía limpia y el papel de los negocios en la lucha contra el cambio climático.
H. Singh (2007)	Indica la necesidad de un uso responsable de la energía a partir de la gestión de la misma, el impacto de las energías renovables en el desarrollo económico y la sostenibilidad energética.
Fereidoon Sioshansi (2016)	Centrado en el desarrollo de soluciones de gestión de energía sostenible. Desarrollo de soluciones que promueven la eficiencia energética, el empleo de la energía renovable y el diseño de estrategias de energía limpia.

Tabla 3.1 Papel de los modelos de negocios energéticos sostenibles.
Nota: Elaboración propia.

En esta dirección, la adopción de tecnologías, prácticas y políticas ha configurado el papel de los modelos de negocios energéticos. En la Tabla 3.1 se establecen los principales componentes de los MNE y se destaca que la digitalización crea nuevas oportunidades de negocio y fuentes de ingresos para los proveedores de servicios energéticos, al tiempo que ayuda a los consumidores a comprender mejor su uso de energía y reducir sus facturas.

Los NES adoptan un enfoque integral que considera todo el ciclo de vida de los productos energéticos, desde su producción y transporte hasta su uso y eventual reciclaje o eliminación. En la Figura 3.4 se observa que estos negocios no solo se enfocan en los aspectos técnicos, sino que también tienen en cuenta las implicaciones sociales, económicas y ambientales, con el objetivo de asegurar que los múltiples beneficios asociados lleguen a toda la población.

De acuerdo con Richter (2013), esta forma de entender la energía está transformando profundamente la industria. Los actores que participan en este cambio deben enfrentar desafíos inéditos y adaptar sus modelos de negocio para mantenerse competitivos en este nuevo escenario energético.

Una de las principales tendencias en este ámbito es la creación de plataformas digitales que, junto con la automatización y las tecnologías digitales, están redefiniendo el sector. La interconexión que estas tecnologías permiten hace más fácil coordinar cómo se produce y consume la energía. Además, la utilización de sensores inteligentes y sistemas de monitoreo provee datos en tiempo real. La integración de la inteligencia artificial mejora la gestión energética, pues añade una mayor flexibilidad a los negocios. Esto es clave para avanzar hacia un sistema energético que sea no solo más sostenible, sino también descentralizado.

Figura 3.4 Componentes del modelo de negocio energético sustentable.
Nota: Elaboración propia.

Vahidinasab y Mohammadi-Ivatloo (2023) promueven el desarrollo de nuevos MNES con una combinación de tecnologías, políticas y prácticas de gestión que permitan obtener los mejores resultados energéticos y ambientales (Tantau y Staiger, 2017). Los MNES requieren, dentro del ciclo de vida de los productos energéticos, considerar lo siguiente:

- Tipo de tecnología: paneles solares, turbinas eólicas, sistemas de bombeo de agua, etc.

- Sistemas de almacenamiento de energía: baterías, sistemas de combustible, etc.

- Tecnologías de eficiencia energética: bombas de calor, sistemas LED, etc.

- Automatización: sensores y controladores, sistemas SCADA, etc.

- Administración de datos: bases de datos, análisis de datos, etc.

- Comunicación: redes, infraestructura de telecomunicaciones, etc.

- Estándares de referencia de desempeño para fabricantes y proveedores de servicios.

- Vigilancia: cámaras de vigilancia, sistemas de detección de intrusos, etc.

- Seguridad: controles de acceso, criptografía, etc.

- Innovación: integración y desarrollo de fuentes de energías renovables, integración de sistemas de almacenamiento y servicios energéticos.

- Uso de instrumentos económicos: fijación del precio del carbono para reducir las emisiones, política fiscal, regulación, financiación y compensaciones de emisiones de carbono.

- Diseñar acciones y programas para desarrollar las habilidades digitales de todas las partes interesadas a fin de garantizar una transición energética socialmente asequible y equitativa.

En la Figuera 3.5 se ilustra que el diseño de la propuesta de valor tiene que garantizar los beneficios sociales, ambientales y económicos de la implementación de un MNES gestionado en función de los parámetros de desarrollo social, económico y ambiental.

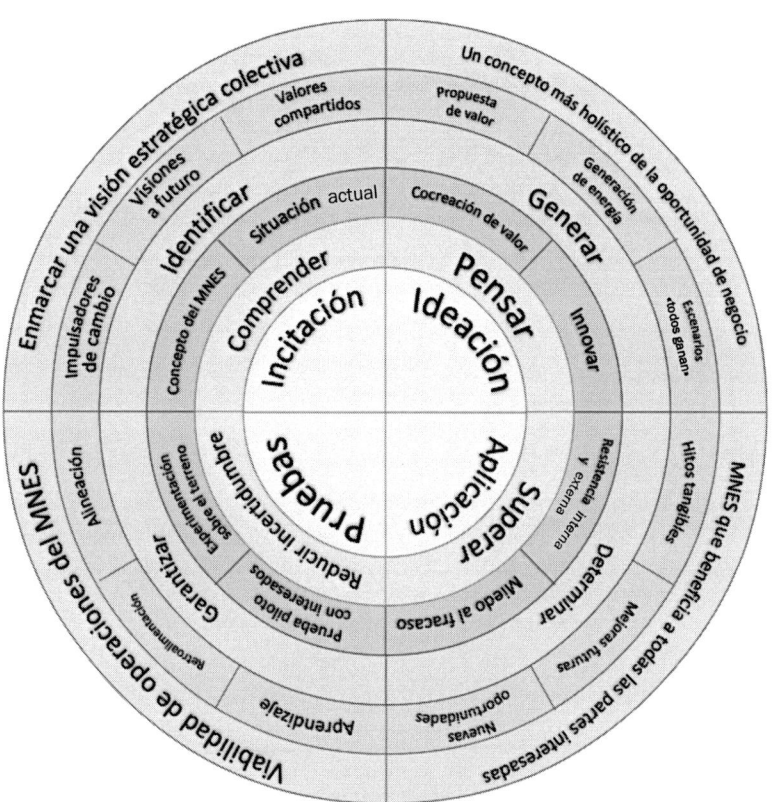

Figura 3.5 Ruta de planificación de la propuesta de valor del MNES.
Nota: Elaborado con base en los requerimientos de los modelos de negocios energéticos sostenibles (MNES) que establecen Holloway (2021), Ahmada (2021) y Danish (2023).

En los MNES se recomienda incluir una plataforma para la gestión del modelo de negocio que proporcione análisis y consulta de información, como elementos de planificación panorámica y selección del sitio, conexión de red integral en todo el proceso, cálculo y liberación de capacidad de consumo global y aplicación y gestión de subsidios en todo el proceso. Durante la operación de la plataforma se sigue el ciclo de planear, hacer, comprobar y actuar, o PDCA (por sus siglas en inglés), como se muestra en la Figura 3.6.

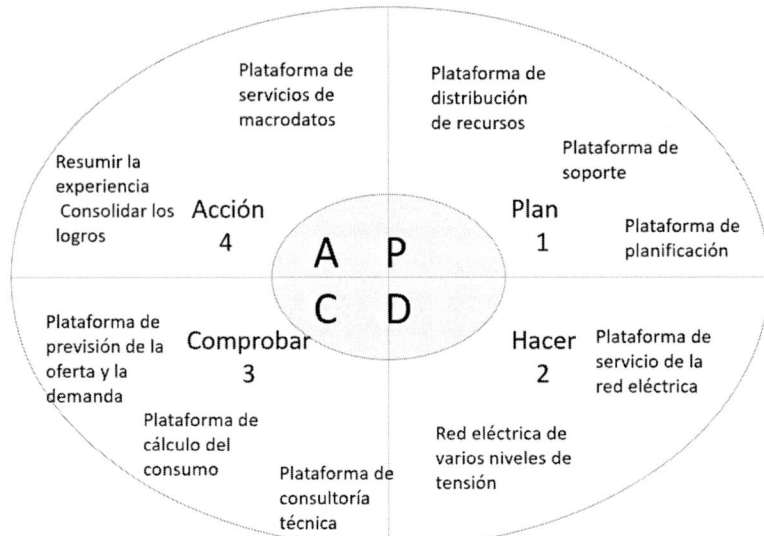

Figura 3.6 Ciclo PDCA en MNES con aplicaciones de la IA.
Nota: Tomado de Wang, X., Zhou, Z., Sun, L., Xie, G., y Lou, Q. (2021). p. 7.

El MNES es el vehículo para seguir la ruta para la transición energética. La propuesta de esta hoja de ruta prioriza que la transición energética garantice el acceso a servicios energéticos limpios, asequibles, modernos y confiables para toda la población.

En una transición energética justa, las personas toman decisiones en el diseño y operación de su sistema energético. En la Figura 3.6 se ilustra que en el diseño de la propuesta de valor se tiene que garantizar que los beneficios sociales, ambientales y económicos de su implementación sean gestionados de manera autónoma en función a los parámetros de desarrollo social, económico y ambiental, con base en la propiedad social de la tierra y la participación de la población durante sus distintas fases.

La generación descentralizada y el creciente número de prosumidores plantean retos y oportunidades de negocio en el sector energético. El desarrollo de la inteligencia artificial, el aprendizaje automático y el aprendizaje profundo se utilizan para promover la digitalización en los mercados energéticos.

3.3 ÍNDICES DE SOSTENIBILIDAD ENERGÉTICA

Ziemba et al. (2022) sostienen que el uso de modelos de negocio como unidad de análisis para la integración de tecnologías de energía sostenible ayuda a generar ganancias al proporcionar productos y servicios con el uso de fuentes de energías renovables. Los índices de sostenibilidad energética son herramientas utilizadas para evaluar y medir el desempeño y la eficiencia energética de un sistema, sector o país, en relación con criterios de sostenibilidad ambiental, económica y social (Lyer et al., 2023). Estos índices proporcionan una medida cuantitativa de cómo se están abordando los desafíos energéticos y cómo se está progresando hacia una transición energética más sostenible. Por lo tanto, el diseño cuidadoso de los diferentes componentes de un modelo de negocio es un requisito previo para convertir la innovación tecnológica en valor, tanto para las empresas emergentes como para las empresas establecidas.

Rastrear la productividad energética de una empresa, caracterizar la descripción del riesgo energético en las operaciones y respaldar la mejora continua de la productividad energética son algunas de las tareas que se realizan con base en los indicadores (Vahidinasab y Mohammadi-Ivatloo, 2023).

El empleo de índices de sostenibilidad energética en modelos de negocios genera ganancias, mejora la productividad energética, ahorra en el consumo de energía, incide en la disminución de las emisiones de dióxido de carbono y sirve para evaluar la sostenibilidad energética en una región o país determinado (Ziemba et al., 2022).

Los índices de sostenibilidad energética suelen combinar diversos indicadores clave relacionados con aspectos como la eficiencia energética, la diversificación de fuentes de energía, el uso del carbono, el acceso a la energía, la seguridad energética y la equidad social, entre otros. Estos indicadores se seleccionan en función de los objetivos y prioridades específicos del análisis, y se ponderan o agregan para calcular un índice general de sostenibilidad energética (Ziemba et al., 2022).

Los índices de sostenibilidad energética proporcionan una forma de monitorear y comparar el progreso en la transición hacia sistemas energéticos más sostenibles a lo largo del tiempo. Estos índices se utilizan para evaluar el desempeño energético, establecer objetivos y políticas, identificar áreas de mejora y medir el impacto de las iniciativas y acciones implementadas.

Existen varios índices de sostenibilidad energética que miden el desempeño de los países en términos de su capacidad para satisfacer sus necesidades energéticas de manera sostenible. Algunos de los índices más conocidos son los siguientes:

- Índice de Sostenibilidad Energética de la Agencia Internacional de Energía (IEA). Mide el desempeño de los países en tres áreas principales: seguridad energética, acceso a la energía y sostenibilidad.

- Índice de Desempeño Ambiental de Yale (EPI). Mide el desempeño ambiental de los países en una amplia gama de áreas, incluyendo la sostenibilidad energética.

- Índice de Transición Energética de la Universidad de St. Gallen. Mide el progreso de los países hacia un sistema energético más sostenible y limpio.

- El Índice de Desarrollo Energético Sostenible (ISES) de la Organización de las Naciones Unidas (ONU). Mide el progreso de los países en la consecución de los objetivos de desarrollo energético sostenible.

La metodología de cada uno de los índices va en función de las áreas que mide. Además, estos índices ofrecen información relevante sobre el desempeño de los países. En el ámbito empresarial también se cuenta con una versión de los índices de sostenibilidad energética para los negocios. Los más conocidos son estos:

- Dow Jones Sustainability Index (DJSI): mide el desempeño de las empresas líderes en sostenibilidad a nivel mundial.

- Carbon Disclosure Project (CDP): evalúa el desempeño de las empresas en términos de su gestión de las emisiones de gases de efecto invernadero y su transición hacia un modelo de negocio bajo en emisiones de carbono.

- Global Reporting Initiative (GRI): establece estándares para la presentación de informes de sostenibilidad empresarial, incluyendo el desempeño en el uso de los recursos energéticos.

- ISO 50001: es una norma internacional de gestión de energía que proporciona un marco para que las empresas establezcan, implementen, mantengan y mejoren continuamente un sistema de gestión de energía.

Estos índices y normas son herramientas valiosas para que las empresas evalúen y mejoren su desempeño en sostenibilidad energética, y para que los consumidores y los inversores identifiquen y respalden a las empresas sostenibles.

En materia de eficiencia energética y necesidad de una mayor inversión en tecnologías limpias y renovables, se concluye que ALC necesita mejorar su sostenibilidad energética y avanzar hacia un modelo energético más sostenible y justo para lograr el ODS 7 mediante una mayor inversión en tecnologías renovables, una mayor eficiencia energética y una transición hacia modelos de energía más justos y sostenibles.

3.4 INDICADORES DE GESTIÓN DE LOS MNES

La necesidad de contar con indicadores de sostenibilidad quedó claramente establecida en la Agenda 2030. La ONU destacó la relevancia de la toma de decisiones con base en la información que generan los indicadores de sostenibilidad.

De acuerdo con Rehman Khan et al. (2022), el cuadro de mando integral de la sostenibilidad energética es un marco de gestión que se utiliza para medir, monitorear y mejorar la sostenibilidad de una organización. Este marco se compone de cuatro dimensiones principales, que son las siguientes:

- Dimensión ambiental: Esta dimensión se enfoca en la gestión y reducción de los impactos ambientales relacionados con el uso de energía. En esta dimensión se incluyen indicadores como la cantidad de energía consumida, las emisiones de gases de efecto invernadero, la gestión de residuos y la gestión del agua, entre otros.

- Dimensión económica: Esta dimensión se enfoca en la gestión de los recursos financieros y el impacto económico de las decisiones relacionadas con la sostenibilidad energética. Puede incluir indicadores como el coste de la energía, los ahorros económicos generados por la implementación de medidas de eficiencia energética y el retorno de inversión de proyectos de energías renovables, entre otros.

- Dimensión social: Esta dimensión se enfoca en el impacto social de las decisiones relacionadas con la sostenibilidad energética, incluyendo temas como la seguridad laboral, la calidad de vida de los empleados y la educación y participación de la comunidad en asuntos energéticos, entre otros.

- Dimensión de gobierno corporativo: Esta dimensión se enfoca en la gestión y transparencia de la organización en relación con su desempeño energético y su impacto en la sociedad y el medioambiente. En esta dimensión, los indicadores se utilizan en la elaboración de informes de sostenibilidad, la adopción de políticas y estrategias relacionadas y la participación en iniciativas y programas de sostenibilidad, entre otros.

Estas dimensiones permiten una visión holística y completa de la gestión de la sostenibilidad de una organización, lo que facilita la toma de decisiones y la implementación de acciones que mejoren su desempeño energético y su contribución a la sostenibilidad global.

REFERENCIAS

– Aggarwal, C. C. (2022). *Machine Learning for Text*. Suiza. Springer Cham.

– Aguiar, L. M., Pereira, B., Lauret, P., Díaz, F., y David, M. (2016). *Combining solar irradiance measurements, satellite-derived data and a numerical weather prediction model to improve intra-day solar forecasting*. Renewable Energy, 97, 599-610.

– Al Busaidi, A. S., Kazem, H. A., Al-Badi, A. H., y Khan, M. F. (2016). *A review of optimum sizing of hybrid PV–Wind renewable energy systems in oman*. Renewable and sustainable energy reviews, 53, 185-193.

– Alan, M. (1950). *Turing. Computing machinery and intelligence*. Mind, 59(236), 433-460.

– Altrabsheh, N., El-Masri, M., Mansour, H., y Ramsay, A. (2017). *A web-based tool for Arabic sentiment analysis*. Procedia Computer Science, 117, 38-45.

– Bogensperger, A. J., Fabel, Y., y Ferstl, J. (2022). *Accelerating Energy-Economic Simulation Models via Machine Learning-Based Emulation and Time Series Aggregation*. Energies, 15(3), 1239.

– Bose, B. K. (2017). *Power electronics, smart grid, and renewable energy systems*. Proceedings of the IEEE, 105(11), 2011-2018.

– Bouzgou, H., y Gueymard, C. A. (2019). *Fast short-term global solar irradiance forecasting with wrapper mutual information*. Renewable Energy, 133, 1055-1065.

– Cali, U., Kuzlu, M., Pipattanasomporn, M., Kempf, J., y Bai, L. (2021). *Digitalization of Power Markets and Systems Using Energy Informatics*. Berlín, Alemania. Springer.

– Chan, L., y Daim, T. (2012). *Exploring the impact of technology foresight studies on innovation: Case of BRIC countries*. Futures, 44(6), 618-630.

– Chouhan, N. (2022). *Artificial Intelligence–Based Energy-Efficient Clustering and Routing in IoT-Assisted Wireless Sensor Network*. Artificial Intelligence for Renewable Energy Systems, 79-91.

– Fickling, D. (2019). *Cyberattacks Make Smart Grids Look Pretty Dumb*. Bloomberg.com, 17 de junio, 2019.

– Ford, D. N, Faghihi, V., y Hessami, A. R. (2015). *Sustainable campus improvement program design using energy efficiency and conservation*. Journal of Cleaner Production, 107, 400-409.

– Forootan, M. M., Larki, I., Zahedi, R., y Ahmadi, A. (2022). *Machine learning and deep learning in energy systems: A review.* Sustainability, 14(8), 4832.

– Ghoddusi, H., Creamer, G. G., y Rafizadeh, N. (2019). *Machine learning in energy economics and finance: A review.* Energy Economics, 81, 709-727.

– Guo, Q., Liang, F., Li, X. B., Gao, Y. J., Huang, M. Y., Wang, Y., y Wu, L. Z. (2019). *Efficient and selective CO2 reduction integrated with organic synthesis by solar energy.* Chem, 5(10), 2605-2616.

– Hamid, B., Mohammad Bagher, A., Mohammad Reza, B., y Mahboubeh, B. (2016). *Review of sustainable energy sources in Kerman.* World Journal of Engineering, 13(2), 109-119.

– Huang, C., Zappone, A., Alexandropoulos, G. C., Debbah, M., y Yuen, C. (2019). *Reconfigurable intelligent surfaces for energy efficiency in wireless communication.* IEEE transactions on wireless communications, 18(8), 4157-4170.

– Iqbal, A., y Singh, G. K. (2021). *PSO based controlled six-phase grid connected induction generator for wind energy generation.* CES Transactions on Electrical Machines and Systems, 5(1), 41-49.

– Jha, S. K., Bilalovic, J., Jha, A., Patel, N., y Zhang, H. (2017). *Renewable energy: Present research and future scope of Artificial Intelligence.* Renewable and Sustainable Energy Reviews, 77, 297-317.

– Johannesen, N. J., Kolhe, M., y Goodwin, M. (2019). *Relative evaluation of regression tools for urban area electrical energy demand forecasting.* Journal of cleaner production, 218, 555-564.

– Kabir, E., Kumar, P., Kumar, S., Adelodun, A. A., y Kim, K. H. (2018). *Solar energy: Potential and future prospects.* Renewable and Sustainable Energy Reviews, 82, 894-900.

– Kaplan, A., y Haenlein, M. (2020). *Rulers of the world, unite! The challenges and opportunities of artificial intelligence.* Business Horizons, 63(1), 37-50.

– Khatri, N., y Khatri, K. K. (2022). *Artificial intelligence for modeling and optimization of the biogas production.* Artificial Intelligence for Renewable Energy Systems, 93-113.

– Li, J., Poulton, G., y James, G. (2010). *Coordination of distributed energy resource agents.* Applied Artificial Intelligence, 24(5), 351-380.

– Liu, C. H., Chen, Z., Tang, J., Xu, J., y Piao, C. (2018). *Energy-efficient UAV control for effective and fair communication coverage: A deep reinforcement learning approach.* IEEE Journal on Selected Areas in Communications, 36(9), 2059-2070.

- Macedo, L. H., Franco, J. F., Rider, M. J., y Romero, R. (2015). *Optimal operation of distribution networks considering energy storage devices.* IEEE Transactions on smart grid, 6(6), 2825-2836.

- Marinakis, V., Koutsellis, T., Nikas, A., y Doukas, H. (2021). *AI and data democratization for intelligent energy management.* Energies,14(14), 4341.

- Metaxiotis, K., y Kagiannas, A. (2005). *Intelligent computer applications in the energy sector: a literature review from 1990 to 2003.* International journal of computer applications in technology, 22(2-3), 53-64.

- Milani, A., Camarda, C., y Savoldi, L. (2015). *A simplified model for the electrical energy consumption of washing machines.* Journal of Building Engineering, 2, 69-76.

- Mite-Baidal, K., Delgado-Vera, C., Aguirre-Munizaga, M., y Calle-Romero, K. (2019). *Prototype of an Embedded System for Irrigation and Fertilization in Greenhouses.* International Conference on Technologies and Innovation (pp. 30-40). Cham: Springer International Publishing.

- Mocanu, E., Nguyen, P. H., Gibescu, M., y Kling, W. L. (2016). *Deep learning for estimating building energy consumption.* Sustainable Energy, Grids and Networks, 6, 91-99.

- Mohamad, S., Sayed-Mouchaweh, M., y Bouchachia, A. (2020). *Online active learning for human activity recognition from sensory data streams.* Neurocomputing, 390, 341-358.

- Nishant, R., Kennedy, M., y Corbett, J. (2020). *Artificial intelligence for sustainability: Challenges, opportunities, and a research agenda.* International Journal of Information Management, 53, 102104.

- Puri, V., Jha, S., Kumar, R., Priyadarshini, I., Abdel-Basset, M., Elhoseny, M., y Long, H. V. (2019). *A hybrid artificial intelligence and internet of things model for generation of renewable resource of energy.* IEEE Access, 7, 111181-111191.

- Quinn, J., Frias-Martinez, V., y Subramanian, L. (2014). *Computational sustainability and artificial intelligence in the developing world.* AI Magazine, 35(3), 36-47.

- Rani, M. D., y Kumar, M. S. (2017). *Development of doubly fed induction generator equivalent circuit and stability analysis applicable for wind energy conversion system.* 2017 International Conference on Recent

Advances in Electronics and Communication technology (ICRAECT). (pp. 55-60). IEEE.

− Rashid, M. A., Iqbal, S., Khatib, F., Hoque, M. T., y Sattar, A. (2016). *Guided macro-mutation in a graded energy based genetic algorithm for protein structure prediction.* Computational biology and chemistry, 61, 162-177.

− Richter, M. (2011). *Business model innovation for sustainable energy: German utilities and renewable energy.* www.leuphana.de/csm/

− Rumayor, M., Fernandez-Gonzalez, J., Domínguez-Ramos, A., y Irabien, A. (2021). *Deep decarbonization of the cement sector: a prospective environmental assessment of CO2 recycling to methanol.* ACS Sustainable Chemistry & Engineering, 10(1), 267-278.

− Saleh, A. S., Mrabet, Z., Alsamara, M., y Anwar, S. (2019). *Urbanization and non-renewable energy demand: A comparison of developed and emerging countries.* Energy, 170, 832-839.

− Salem, H., Sayed-Mouchaweh, M., y Tagina, M. (2020). *A review on non-intrusive load monitoring approaches based on machine learning.* Artificial Intelligence Techniques for a Scalable Energy Transition, 109-131.

− Sayed-Mouchaweh, M. (Ed.). (2020). *Artificial intelligence techniques for a scalable energy transition: advanced methods, digital technologies, decision support tools, and applications.* Springer Nature.

− Serrano Puche, J. (2016). *Internet y emociones: nuevas tendencias.* Revista Científica de Educomunicación, 24(46), 19-26.

− Szczepaniuk, H., y Szczepaniuk, E. K. (2022). *Applications of Artificial Intelligence Algorithms in the Energy Sector.* Energies, 16(1), 347.

− Tamarkin, T. D. (1992). *Automatic meter reading.* Public Power, 50(5), 934-937.

− Tan, P.-N., Steinbach, M., y Kumar, V. (2018). *Introduction to Data Mining.* Pearson.

− Tanveer, M., Hassan, S., y Bhaumik, A. (2020). *Academic policy regarding sustainability and artificial intelligence (AI).* Sustainability, 12(22), 9435.

− Vinay, N., Bale, A. S., Tiwari, S., y Baby, C. R. (2022). *Artificial intelligence as a tool for conservation and efficient utilization of renewable resource.* Artificial intelligence for renewable energy systems, 37-77.

– Vyas, S., Prajapati, P., Shah, A. V., y Varjani, S. (2022). *Municipal solid waste management: Dynamics, risk assessment, ecological influence, advancements, constraints and perspectives.* Science of the Total Environment, 814, 152802.

– Wittmayer, J.M., de Geus, T., Pel, B., Avelino, F., Hielscher, S., Hoppe, T., Mühlemeier, S., Stasik, A., Oxenaar, S., Rogge, K.S. y Visser, V. (2020). *Beyond instrumentalism: Broadening the understanding of social innovation in socio-technical energy systems.* Energy Research & Social Science, 70, 101689.

– Zahraee, S. M., Assadi, M. K., y Saidur, R. (2016). *Application of artificial intelligence methods for hybrid energy system optimization.* Renewable and Sustainable Energy Reviews, 66, 617-630.

– Zhang, Z., Xi, L., Bin, S., Yuhuan, Z., Song, W., Ya, L., y Guang, S. (2019). *Energy, CO_2 emissions, and value added flows embodied in the international trade of the BRICS group: A comprehensive assessment.* Renewable and Sustainable Energy Reviews, 116, 109432.

– Zhao, Z., Lee, W. C., Shin, Y., y Song, K. B. (2013). *An optimal power scheduling method for demand response in home energy management system.* IEEE transactions on smart grid, 4(3), 1391-1400.

CAPÍTULO 4

LAS APLICACIONES DE LA IA EN EL MODELO DE NEGOCIO ENERGÉTICO SOSTENIBLE

Alma Delia Torres Rivera
Francisco Javier Cerda Martínez
Laura Alma Díaz Torres

Los modelos de negocios energéticos sostenibles (MNES) desempeñan un papel fundamental en la implementación y el logro de los objetivos establecidos en los acuerdos internacionales relacionados con la energía y el cambio climático. En la transición energética (TE) surgen constantes desafíos por el continuo desarrollo tecnológico, las tecnologías de la información y las comunicaciones (TIC), así como por la demanda de soluciones de energías sostenibles con un impacto climático reducido en la sociedad digital.

En este escenario se inicia la revolución en el sector energético con el avance hacia la energía distribuida. Un sistema energético más descentralizado basado en el uso de fuentes de energía bajas en carbono impulsa el aumento de la participación de las energías limpias en el consumo total de energía en el planeta. En esta dinámica surgen oportunidades para los MNES, lo que mejora la rentabilidad de las empresas socialmente responsables y sostenibles, que aportan nuevas e innovadoras estructuras organizativas, procesos y servicios al cliente.

Este capítulo aborda la adopción de la IA en la operación de los MNES en el contexto de una economía impulsada por la construcción de un futuro energético más limpio, sostenible y una sociedad más equitativa. El objetivo del capítulo es proporcionar una visión general de las aplicaciones de la IA en los MNES.

La estructura del capítulo se dividió en cuatro secciones. En la primera sección se presenta cómo se estructuran y desarrollan los MNES y se analizan las características de las aplicaciones de la IA que se integran en la promoción del uso de la energía. En la segunda sección se abordan los posibles impactos del uso de la IA en los MNES en una TE, mientras que en la tercera sección se ofrece una visión sobre el desarrollo de MNES en el campo de la energía. Finalmente, en la cuarta sección, se presentan las tendencias en la innovación de los MNES.

4.1 LA FUNCIÓN ESTRATÉGICA DE LOS MODELOS DE NEGOCIOS ENERGÉTICOS SOSTENIBLES

Los MNES tienen una función estratégica en la adopción de tecnologías de energía de baja emisión de carbono para reducir las emisiones de gases de efecto invernadero y limitar el aumento de la temperatura global. Tanto en el Acuerdo de París como en el logro de los Objetivos de Desarrollo Sostenible de las Naciones Unidas y la Alianza Solar Internacional se plantea la reducción de la dependencia de las fuentes de combustibles fósiles y el empleo y desarrollo de fuentes de energía renovables sostenibles, como se resume en la Tabla 4.1.

Los MNES influyen en la forma en que se genera, distribuye y consume la energía, y son determinantes para impulsar la transición hacia fuentes de energía más sostenibles y la reducción de emisiones de gases de efecto invernadero (Singh et al., 2022).

Por ejemplo, existe la Agencia Internacional de Energías Renovables (IRENA), «una organización intergubernamental que apoya a los países en su transición hacia un futuro de energía sostenible, y sirve de plataforma principal para la cooperación internacional» (Franco, 2020). Los MNES desempeñan un papel esencial en la adopción de tecnologías limpias, en la gestión eficiente de la energía, en la promoción de inversión en infraestructura sostenible dentro del sector energético y en la consecución de los objetivos establecidos en los acuerdos internacionales relacionados con la energía y el cambio climático.

Chen y Folly (2023), Danish (2023) y Višković et al. (2022) han sugerido varias técnicas de IA empleables en la operación de los negocios proveedores de energía para mejorar el rendimiento de sus sistemas y reducir los costes de operación. Estas técnicas incluyen el análisis de datos, el aprendizaje automático, la optimización de los recursos energéticos, la predicción de los precios de la energía y el desarrollo de una infraestructura de recursos energéticos inteligentes.

Acuerdo	Descripción	Función de los modelos de negocios
Acuerdo de París sobre el cambio climático	Adoptado en 2015 por países miembros de la ONU. Objetivo: limitar el aumento de la temperatura global por debajo de 2 °C (1,5 °C, ideal). Establece la reducción de emisiones y promueve la energía renovable.	Los MN son esenciales para lograr los objetivos establecidos en el Acuerdo de París. Estos modelos pueden abordar la reducción de emisiones mediante la adopción de tecnologías de energía limpia, como la energía solar, la eólica y otras fuentes renovables. También pueden influir en la eficiencia energética y en la implementación de prácticas de sostenibilidad en la producción y el consumo de energía.
Objetivos de Desarrollo Sostenible (ODS)	Adoptados en 2015 por la ONU. Incluyen acceso universal a energía asequible y sostenible para todos en 2030. Fomentan tecnologías de energía limpia y desarrollo de infraestructura.	Los MN energéticos tienen un papel vital en el logro de los ODS relacionados con el acceso universal a la energía asequible y sostenible. Estos modelos pueden facilitar la expansión de la infraestructura energética en áreas con acceso limitado a través de soluciones descentralizadas y tecnologías innovadoras.
Agencia Internacional de Energías Renovables	Creada en 2009 para promover las actividades de bienes públicos globales, como la seguridad energética, la eficiencia energética y las energías renovables (Camarda, 2029).	Los MN energéticos son cruciales para promover la generación de energía renovable a nivel mundial. Estos modelos pueden fomentar la inversión en proyectos energéticos y facilitar la transferencia de conocimientos y tecnologías.
Acuerdo de Marrakech sobre el cambio climático	Adoptado en 2016 por países miembros de la Convención Marco de las Naciones Unidas sobre el Cambio Climático. Marco para implementación del Acuerdo de París. Promueve tecnologías de energía limpia y reducción de emisiones.	Los MN energéticos pueden contribuir en la adopción de tecnologías de energía limpia y reducir las emisiones de gases de efecto invernadero. Además, estos MN ayudan a respaldar la planificación y la ejecución de medidas de mitigación y adaptación en el contexto del cambio climático.

Tabla 4.1 Función del MN en el marco de los acuerdos internacionales para el desarrollo sostenible.
Nota: Camarda (2020) y Tantau y Staiger (2017).

Las aplicaciones de la IA en los negocios energéticos (NE) han sido destacadas por su contribución al desarrollo de soluciones para problemas complejos en áreas como la gestión de la demanda, la optimización de la red eléctrica, la creación de una infraestructura de recursos energéticos inteligentes, la predicción de los precios de la energía y el desarrollo de algoritmos de aprendizaje automático para mejorar la eficiencia y la seguridad de los sistemas energéticos (Garlík, 2022).

En la Figura 4.1 se muestran las diferentes aplicaciones de la IA en la producción y distribución de la energía, que mejoran la eficiencia operacional, optimizando la toma de decisiones, reduciendo los costes y aumentando la seguridad. De acuerdo con Marinakis (2021), Mohamad et al., (2020), Salem et al. (2016) y Lughofer y Sayed-Mouchaweh (2019) la incorporación de IA en el ámbito energético aporta un enfoque destacado en la predicción y optimización del consumo o demanda de energía eléctrica. Al minimizar los costes asociados y reducir los picos que derivan de la operación de componentes o máquinas, se logra un equilibrio eficiente entre la demanda y la producción de energía durante los períodos de máxima exigencia.

La implementación del almacenamiento de energía por medio de baterías distribuidas ostenta la capacidad de amplificar la resiliencia y la fiabilidad de la infraestructura energética, gracias a la acumulación simultánea de energía que puede ser empleada durante episodios de disrupción o en períodos de alta demanda. Esta estrategia encuentra su fundamento en la consideración de que la mayoría de las interrupciones energéticas derivan de desajustes y perturbaciones en la trama de distribución del sistema (Sioshansi, 2019).

Como resultado de esta premisa, emerge una necesidad imperante de concebir y desarrollar herramientas que, desde una perspectiva de gestión y control, sean capaces de salvaguardar los pilares esenciales de los sistemas energéticos, es decir, la seguridad, la confiabilidad, la eficacia y la estabilidad. En este entorno, la incorporación de técnicas y recursos propios de la inteligencia artificial (IA) contribuye de manera notable a la habilidad de previsión (Mohamad et al., 2019; Salem et al., 2016), optimización y detección temprana de anomalías.

La inserción de la IA en la esfera de la gestión de la demanda, en el contexto de la transición energética, sirve de respuesta a los desafíos relacionados con la eficiencia energética a través de estrategias de anticipación y control automatizado (Zhang et al., 2020). Adicionalmente, otra área de aplicación se encuentra en la optimización de la energía distribuida, en la cual se despliega un sistema multiagente destinado a administrar la energía, incluyendo una amplia gama de dispositivos que simultáneamente consumen y generan energía.

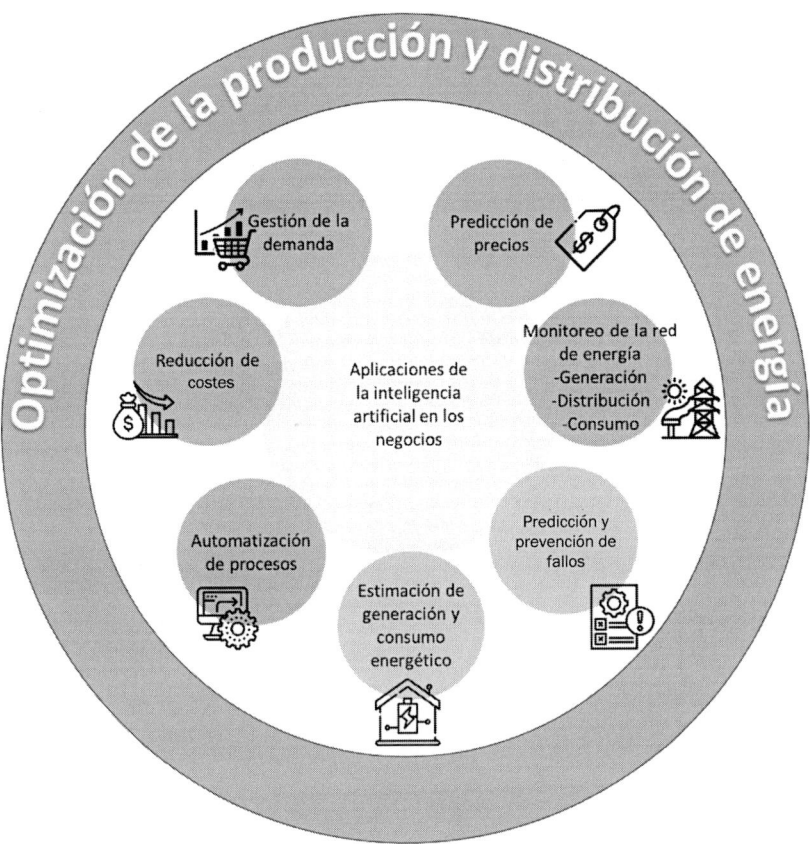

Figura 4.1 Aplicaciones de la IA en los negocios energéticos.
Nota: Elaborado con base en las aplicaciones mencionadas anteriormente.

4.2 IA EN LOS MNES EN UNA TRANSICIÓN ENERGÉTICA

En el contexto de usuarios que tienen una posición activa de producción (denominados prosumidores) se desencadena una expansión en la capacidad de la red eléctrica (Poulton et al., 2010). Es así como, con un aumento a nivel global de la tasa de electrificación y el consumo de energía, se enfrenta la necesidad de un mayor nivel de flexibilidad y coordinación, lo que tiene como requisito incrementar la capacidad de procesamiento de grandes bases de datos, la habilidad profesional y la colaboración y monitoreo en tiempo real en la generación, almacenamiento, distribución y consumo de energía.

Los prosumidores, al generar energía a una escala reducida, establecen conexiones con redes de distribución de mayor envergadura. Esto se logra a través de diversas opciones tecnológicas, como la instalación de paneles solares fotovoltaicos, la implementación de generadores de combustible de gas natural, la adopción de vehículos eléctricos y la gestión de cargas controlables (Zhao y You, 2020). Las aplicaciones de IA desempeñarán un papel estratégico en el funcionamiento de los sistemas energéticos. Por ejemplo:

i. El uso de la IA en la generación de energía renovable;

ii. El uso de la IA en el control de la gestión de la oferta y la demanda, y

iii. Los avances recientes en tecnología de IA en los hogares, redes y producción de energía renovable y no renovable.

Con los avances tecnológicos en el sector energético, las empresas de servicios públicos, los operadores de sistemas eléctricos y los productores independientes de energía implementarán las aplicaciones de la IA para ser competitivos. En la Tabla 4.2 se muestra el vertiginoso ritmo de desarrollo de la IA, junto con el análisis de datos y el surgimiento de nuevos servicios y productos en los mercados digitales de la energía que se aplicarán de forma rápida y eficiente.

Aplicación de IA	Campo	Descripción	Algoritmo(s) utilizado(s)	Ventajas
Pronóstico de demanda	Gestión de la demanda	Utiliza algoritmos de IA como redes neuronales y ARIMA para prever con precisión la demanda futura de energía, considerando factores como el clima y los patrones de consumo	Redes Neuronales, ARIMA	Optimiza la planificación y operación de la red eléctrica, reduce costes de generación y evita sobreproducción
Optimización de operaciones	Gestión de la red eléctrica	Aplica algoritmos genéticos y programación lineal para optimizar la operación y distribución de la energía en la red eléctrica, minimizando costes y maximizando eficiencia	Algoritmos genéticos, programación lineal	Mejora la estabilidad de la red y reduce pérdidas energéticas
Mantenimiento predictivo	Mantenimiento	Utiliza algoritmos de Machine Learning como Random Forest y SVM para predecir fallos en equipos y sistemas, lo que permite un mantenimiento preventivo y eficiente	Random Forest, SVM	Reduce costes de mantenimiento y tiempo de inactividad; prolonga la vida útil de los equipos

Aplicación de IA	Campo	Descripción	Algoritmo(s) utilizado(s)	Ventajas
Gestión de energía en edificios	Eficiencia energética	Controla y optimiza el consumo energético en edificios mediante algoritmos de control PID y lógica difusa, ajustando los dispositivos según la demanda en tiempo real	Control PID, lógica difusa	Ahorro de energía, reducción de costes y mejora en la sostenibilidad
Integración de energías renovables	Generación de energía	Coordinación de la generación de energía a partir de fuentes renovables utilizando algoritmos de enjambre de partículas y técnicas de optimización	Enjambre de partículas, optimización	Aumenta la penetración de energía renovable en la red, reduce emisiones
Detección de fraudes	Seguridad	Utiliza algoritmos de detección de anomalías como Isolation Forest y One-Class SVM para identificar fraudes en el suministro de energía, como conexiones ilegales	Isolation Forest, One-Class SVM	Ahorra costes y mejora la seguridad en la distribución de energía
Análisis de *big data*	Gestión de datos	Procesa grandes volúmenes de datos generados por medidores inteligentes y sensores utilizando técnicas de procesamiento de lenguaje natural y análisis de redes sociales	Procesamiento de lenguaje natural, análisis de redes sociales	Información valiosa para la toma de decisiones estratégicas y operativas
Almacenamiento y análisis de energía	Gestión de la energía	Utiliza algoritmos de IA para optimizar el almacenamiento de energía y analizar su uso eficiente en la red eléctrica	Algoritmos de optimización	Maximiza el empleo de la energía almacenada y reduce costes de operación
Generación de energía digitalizada	Generación de energía	Implementa algoritmos de IA para supervisar y optimizar la generación de energía en tiempo real, considerando la demanda y las condiciones del mercado	Algoritmos de control, aprendizaje reforzado	Mejora la eficiencia de la generación y facilita la toma de decisiones en tiempo real

Aplicación de IA	Campo	Descripción	Algoritmo(s) utilizado(s)	Ventajas
Red inteligente	Gestión de la red eléctrica	Utiliza IA para monitorear y controlar de manera autónoma la red eléctrica, detectando y corrigiendo fallas en tiempo real	Algoritmos de control, redes neuronales	Aumenta la eficiencia, la confiabilidad y la seguridad de la red eléctrica
Administración de redes	Gestión de la red eléctrica	El propósito es optimizar la administración y distribución de la energía en la red eléctrica, para asegurar un suministro confiable y eficiente	Algoritmos de optimización, redes neuronales	Minimiza pérdidas energéticas y optimiza la utilización de recursos
Microrredes	Generación de energía	Sirve para gestionar microrredes autónomas y optimizar la generación y distribución local de energía	Algoritmos de control, optimización	Aumenta la resiliencia y eficiencia en sistemas de energía descentralizados
Control integrado de flota de vehículos eléctricos (EV)	Movilidad eléctrica	Se gestiona la carga y descarga de vehículos eléctricos de manera eficiente y coordinada	Algoritmos de control, optimización	Minimiza la carga en horas pico y contribuye a la estabilidad de la red
Infraestructura de medición avanzada (AMI)	Gestión de datos	Es útil para procesar y analizar información precisa sobre el consumo y comportamiento de la red	Procesamiento de datos, análisis de patrones	Mejora la gestión y la toma de decisiones basadas en datos precisos
Gestión de la energía de la batería	Almacenamiento de energía	Se optimiza la carga y descarga de baterías de almacenamiento, maximizando su vida útil y eficiencia	Algoritmos de control, optimización	Aumenta la vida útil de las baterías y optimiza su rendimiento
Automatización del hogar	Eficiencia energética	Se emplea con fines domésticos para controlar y ajustar automáticamente los dispositivos del hogar según la demanda de energía y las preferencias del usuario	Algoritmos de control, aprendizaje automático	Ahorro de energía y comodidad para los usuarios

Tabla 4.2 Principales ventajas de las aplicaciones de la IA en los MNES.
Nota: Elaborado con base en Chen y Folly (2023), Danish (2023), Višković et al. (2022) y Lytras y Chui (2019).

Sun (2019), Ahmad (2021) y Viskovic (2022) argumentan que la IA tiene el potencial de desempeñar un papel clave en numerosas áreas, como la previsión de la demanda, el mantenimiento predictivo, la gestión de la energía y la atención al cliente. Por ejemplo, con la incorporación de una unidad de energía inteligente (IEU) interconectada (IEUS) los sistemas de energía se pueden operar en tiempo real con mayor controlabilidad, manejo de *big data*, prevención de ataques cibernéticos, redes inteligentes, IoT, robótica, optimización de eficiencia energética, mantenimiento predictivo y eficiencia computacional.

Utilizando varias técnicas de IA se están estableciendo modelos de negocios para el sector energético. Se trata de modelos como la propagación hacia atrás, el perceptron multicapa (MLP), el algoritmo de optimización de ballenas (WOA), la función radial de la red neuronal (RBFN), la regularización bayesiana (BR) o el método de mínimos cuadrados amortiguados, por citar los más utilizados.

La aplicación de la IA, como el uso de algoritmos de aprendizaje automático y la creación de entornos de simulación, sirve para mejorar la eficiencia energética (Danish, 2023b, p. 405; Singh et al., 2022). También las técnicas ayudan a los proveedores de energía a mejorar el rendimiento de sus sistemas y a reducir los costes de operación.

En la Tabla 4.3 se incluye una breve descripción de las aplicaciones de la IA para la optimización de los recursos energéticos, la predicción de los precios de la energía y el desarrollo de una infraestructura de recursos energéticos inteligentes y las aplicaciones de uso doméstico en los hogares (Singh et al., 2022).

La utilización de redes neuronales artificiales se orienta hacia la prospección de flujos de energía en las redes eléctricas, la evaluación de las cargas de línea y la determinación de las magnitudes de los voltajes nodales en sistemas de distribución caracterizados por la presencia destacada de recursos de energía distribuida.

La precisión en la estimación de los flujos de potencia desempeña un papel de vital relevancia, pues es esencial para la pronta y certera identificación de estados críticos de carga y la cuantificación de pérdidas energéticas, especialmente en el contexto de las redes eléctricas de baja tensión. La meta se centra en el perfeccionamiento de la monitorización en tiempo real de los sistemas eléctricos, en particular en cuanto a baja y media tensión, con miras a mejorar la planificación y operación de la infraestructura energética.

La integración de la inteligencia artificial (IA) en el dominio energético ha adquirido preeminencia debido al creciente empleo de tecnologías para el análisis de datos y al desarrollo progresivo de sistemas de mayor sofisticación. Desde distintos enfoques, Nazari y Musilek (2023) han abordado la implementación de la IA, incluyendo el uso de algoritmos de aprendizaje automático, sistemas de IA para análisis de datos y la concepción de entornos de simulación adaptados a la industria energética, tal como se ilustra en la Figura 4.2.

Algoritmo	Descripción	Aplicaciones
Propagación hacia atrás	Método de entrenamiento de redes neuronales en el aprendizaje supervisado. Ajusta los pesos de las conexiones para minimizar el error entre la salida y la meta	Pronóstico de la demanda eléctrica, optimización de la operación de redes eléctricas, análisis de series temporales
Perceptrón multicapa (MLP)	Tipo de red neuronal artificial compuesta por múltiples capas de unidades, incluyendo capas ocultas. Realiza aprendizaje supervisado mediante propagación hacia atrás	Pronóstico de generación de energía solar y eólica, control de sistemas de almacenamiento de energía, análisis de eficiencia energética
Algoritmo de optimización de ballenas (WOA)	Inspirado en el comportamiento de caza de ballenas. Aplica técnicas de exploración y explotación para optimizar problemas numéricos y de ingeniería	Optimización de la ubicación y operación de plantas de generación, planificación de redes eléctricas, gestión de energía en microrredes
Función radial de la red neural (RBFN)	Tipo de red neuronal con una capa oculta de neuronas radiales que modelan una función de base radial. Usado para aproximación y clasificación	Clasificación de patrones de carga eléctrica, detección de anomalías en la red, estimación de pérdidas en la transmisión
Regularización bayesiana (BR)	Enfoque que combina técnicas de inferencia bayesiana con modelos de aprendizaje automático para mejorar la generalización y evitar sobreajuste	Estimación de la incertidumbre en pronósticos de generación y demanda, optimización bajo incertidumbre, análisis de riesgo energético
Método de mínimos cuadrados amortiguados	Aborda problemas de ajuste de datos mediante la minimización de la suma de los residuos al cuadrado junto con una penalización para evitar oscilaciones	Estimación de parámetros en modelos de generación, ajuste de modelos de carga, análisis de datos históricos de consumo

Tabla 4.3 Aplicaciones de la IA en el sector energético.
Nota: Elaboración propia.

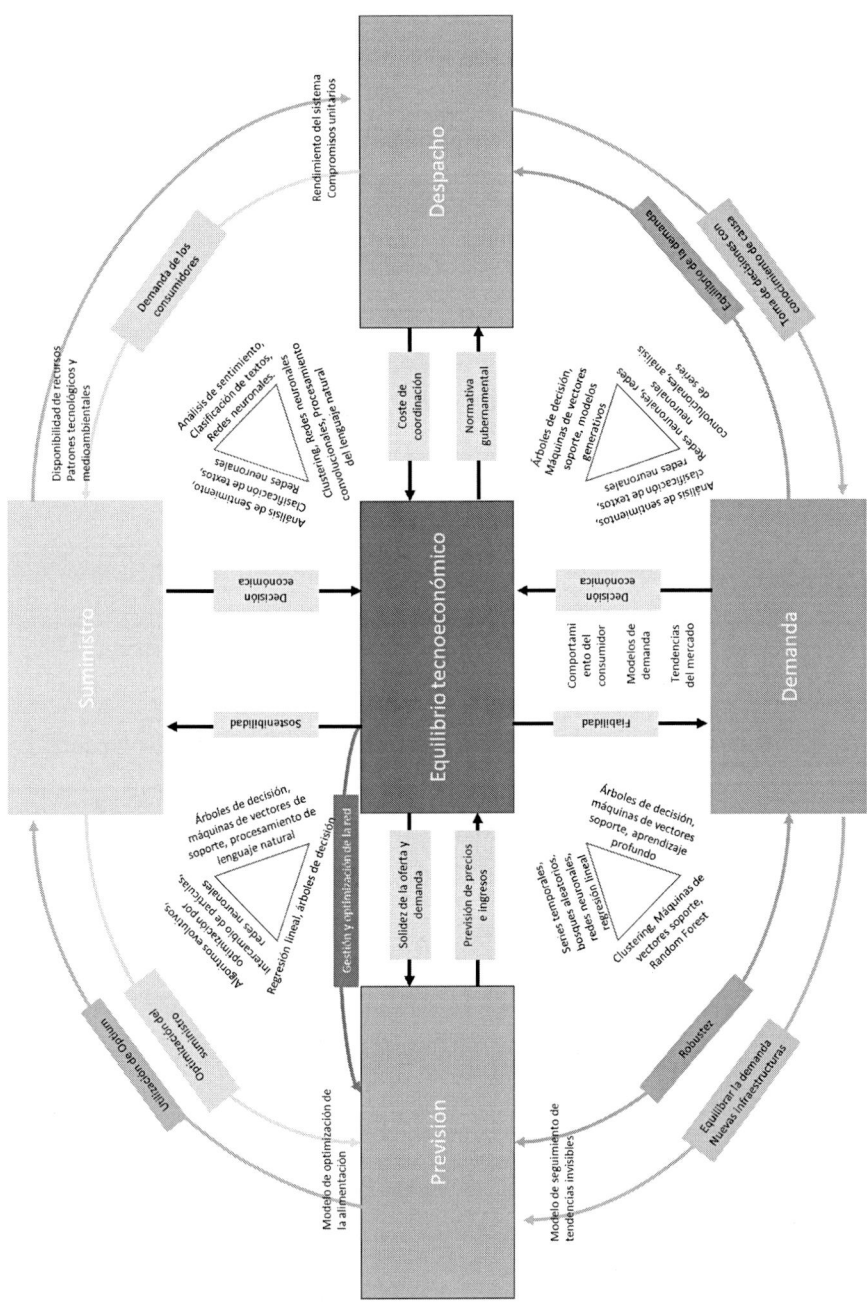

Figura 4.2 Integración de IA y ML en varias aplicaciones de sistemas de energía.
Nota: Tomado de Danish (2023a, p. 10).

En esta misma línea, Danish (2023) ofrece ejemplos concretos de las aplicaciones de la IA en el contexto de la transición energética. Entre ellos, destaca la aplicación en el diagnóstico y pronóstico de fallas en sistemas de turbinas eólicas, basándose en la dinámica inherente a los aerogeneradores, que abarca la transformación de energía eólica en mecánica y, luego, en eléctrica, así como los fenómenos de conservación y disipación energética, generando conjuntos de datos relacionados con fallas en componentes críticos.

Un campo donde el aprendizaje automático ha demostrado su valía es en la detección de vulnerabilidades frente a ciberataques en las redes inteligentes, incluyendo generación, transmisión, distribución, comunicación y consumo.

Estos ataques se clasifican en tres categorías: ataques a la confidencialidad (que buscan acceder a datos ajenos), ataques a la integridad (donde una entidad no legítima pretende ser un componente legítimo) y ataques a la disponibilidad (que intentan sobrecargar dispositivos para impedir que presten sus servicios).

Las redes neuronales, como una herramienta intrínseca a la IA, constituyen un soporte fundamental en la ejecución del proceso de diagnóstico de las anomalías en los sistemas de conversión. Esta técnica posee una amplitud de aplicaciones que abarcan desde las bombas de energía fotovoltaica hasta las unidades de desalinización. Las potenciales deficiencias que se presentan pueden ejercer efectos adversos tanto en la mecánica como en la parte eléctrica de estos sistemas. Una vez que se logra la detección de las carencias, se procede a aislar el componente específico que exhibe la disfunción, a fin de llevar a cabo un análisis detallado de la problemática identificada.

Los sistemas inteligentes pueden aumentar la seguridad de los sistemas energéticos al detectar y prevenir ataques cibernéticos, mejorar la confiabilidad de la red eléctrica y reducir el riesgo de interrupciones de energía. Asimismo, han identificado nuevas técnicas de IA para mejorar la seguridad de los sistemas energéticos, como la detección y prevención de amenazas, la detección de anomalías en los datos y el análisis de la confiabilidad de los sistemas.

4.3 VISIÓN SOBRE EL DESARROLLO DE MNES

El despliegue de IA en el sector energético, basado en el escenario de la Figura 4.3, es la fábrica inteligente. En esta Industria 4.0, la tecnología digital permite conectar diferentes componentes del sector energético en la red digital.

Con el uso del Internet de las cosas (IoT, por sus siglas en inglés) se integran los subsistemas de generación, transmisión, distribución y utilización de la energía. La implementación de redes inteligentes basadas en IoT con arquitectura asistida por computación de niebla facilita la implementación de IA y *blockchain* para lograr la gestión del lado de la demanda, la previsión de la generación dispersa para el día siguiente, la previsión de la estabilidad de la red inteligente y mejorar el sistema de comercio en términos de seguridad y gestión.

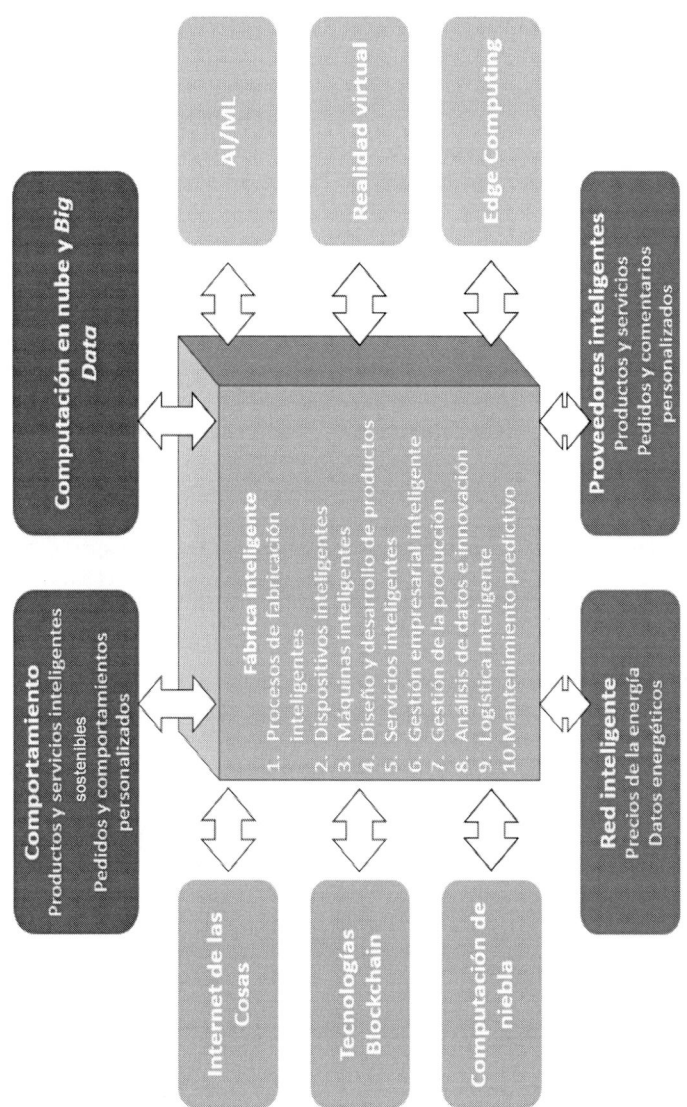

Figura 4.3 Escenario de operación de los MNES.
Nota: Tomado de Singh et al. (2022, p.2).

Los enfoques derivados del aprendizaje automático (ML, por sus siglas en inglés) se emplean con el propósito de llevar a cabo la identificación del estado activo de los dispositivos. Estos enfoques se dividen en dos categorías principales: modelos basados en eventos y modelos de naturaleza probabilística. Los datos de numerosas fuentes se incluyen en la representación digital a lo largo del ciclo de vida del producto (Singh et al., 2022). En el análisis de la energía también se utilizan los gemelos digitales en el modelado de redes inteligentes, las centrales eléctricas virtuales con Metaverse y el IoT (Singh et al., 2022). Un gemelo digital es una reproducción digital de un producto o componente real creado mediante la combinación de simulaciones y metadatos de servicios.

Con el uso de un gemelo digital se obtienen datos que se reestructuran constantemente y se muestran de diversas maneras para pronosticar situaciones actuales y futuras tanto en entornos operativos como de diseño, mejorando así la toma de decisiones (Danish, 2023). Aquí se incluyen los dispositivos domésticos inteligentes, los sistemas de gestión de energía para el hogar, los medidores inteligentes y las unidades de generación de energía doméstica (Viskovic et al., 2022). Por lo tanto, se ha de establecer una configuración de flujo de energía que sea óptima, considerando tanto los incentivos alineados con estrategias de respuesta a la demanda como los patrones de precio de la electricidad, todo ello en concordancia con las restricciones específicas de los usuarios.

La confiabilidad de los resultados producidos por los sistemas de IA depende de los datos utilizados para su aprendizaje, ya que demandan un flujo constante de datos de alta calidad en un formato específico para su entrenamiento y pruebas. Así que, para asegurar su fiabilidad, es vital validar los resultados antes de llevarlos a la producción. En los sistemas de energía de gran escala aumenta la complejidad y variabilidad de las configuraciones; estas determinan la capacidad de los sistemas de IA para gestionarlas de manera efectiva.

De acuerdo con Richter (2011), la IA es una tecnología que cambia los procesos de generación, distribución y entrega de energía, pero los MNE continúan ofreciendo la misma propuesta de valor centrada en la utilidad (véase Tabla 4.4).

El desarrollo e implementación de sistemas de IA puede entrañar costes significativos, lo que podría resultar inviable para algunas empresas u organizaciones del ámbito energético. Por ello, es fundamental evaluar minuciosamente los costes y beneficios asociados con estos sistemas, priorizando inversiones en áreas que tengan el mayor impacto positivo.

Componente del MN	Descripción	MN centrado en la rentabilidad	MN centrado en el cliente
Propuesta de valor	Es el conjunto de productos y servicios que crean valor para el cliente y permiten a la empresa obtener ingresos	Generación masiva de electricidad alimentada a la red como mercancía	Soluciones personalizadas Servicios relacionados con la energía
Interfaz con el cliente	Comprende la interacción global con el cliente Consiste en relación con el cliente, segmentos de clientes y canales de distribución	El cliente paga por unidad	El cliente participa en la generación de energía alojando el sistema de generación y compartiendo los beneficios Relación con el cliente a largo plazo
Infraestructura	Describe la arquitectura de creación de valor de la empresa Incluye activos, conocimientos y asociaciones	Pequeño número de activos a gran escala Generación centralizada	Gran cantidad de activos de pequeña escala Generación cerca del punto de consumo
Estructura de ingresos	Representa la relación entre los costes para producir la propuesta de valor y los ingresos que se generan al ofrecerla a los clientes	Ingresos a través de la alimentación de electricidad Modelo de ingresos Economías de escala provenientes de proyectos grandes y portafolios de proyectos	Ingresos por uso directo, feed-in y/o por servicios Altos costes de transacción

Tabla 4.4 Características de los MNE centrados en el cliente.
Nota: Adaptado de Richter (2011, p. 9 y 11).

Para asegurar que los sistemas de IA complementen y enriquezcan la toma de decisiones humana en lugar de reemplazarla, se torna esencial la incorporación de supervisión humana en el proceso de toma de decisiones, o bien dotar a los operadores humanos con herramientas que les permitan verificar y corregir las decisiones generadas por la IA.

De acuerdo con Frantzis et al. (2008), Nimmons y Taylor (2008) y Schoettl y Lehmann-Ortega (2010) (citados por Richter, 2011), con el incremento de la generación de energía con fuentes renovables, los MNE están centrados en:

- La reorientación de la oferta de los proveedores de productos básicos a proveedores integrales de servicios de energía centrados en los clientes.

- Dar soporte en la toma de decisiones para la integración y la fiabilidad de las energías renovables.

- La regulación de la fijación de precios y el funcionamiento del mercado.

Los usos de la IA en el sector energético se destacan principalmente en los hogares inteligentes, en la gestión de redes inteligentes y en la producción de energía que combina fuentes renovables y no renovables por los beneficios asociados a los sistemas de pequeña escala cerca del punto de consumo (Richter, 2013). Las principales tecnologías que se emplean son los sistemas solares fotovoltaicos, los colectores solares térmicos, las bombas de calor geotérmicas, las estufas de pellets de madera, las microturbinas eólicas y los microsistemas combinados de calor y electricidad.

Esta forma distribuida de generación de energía renovable (también conocida como generación residencial) a menudo se considera un pilar potencial del panorama energético futuro y se asocia con beneficios ambientales sustanciales (Alanne y Saari, 2006; Omer, 2008). En última instancia, un edificio puede autoabastecerse completamente de energía eléctrica, térmica y de refrigeración (Leckner y Zmeureanu, 2010).

La propuesta de valor que ofrece una empresa de servicios públicos puede variar desde simples servicios de consultoría hasta un paquete completo de servicios que incluye financiamiento, propiedad y operación del activo en la propiedad del cliente (Frantzis et al., 2008; Klose et al., 2010; Pecan Street, 2010). Si bien dicho modelo comercial en el contexto corporativo también se conoce como «contratación», en este estudio se refiere a sistemas de pequeña escala, principalmente para clientes privados en el rango de unos pocos kilovatios y alrededor de un megavatio.

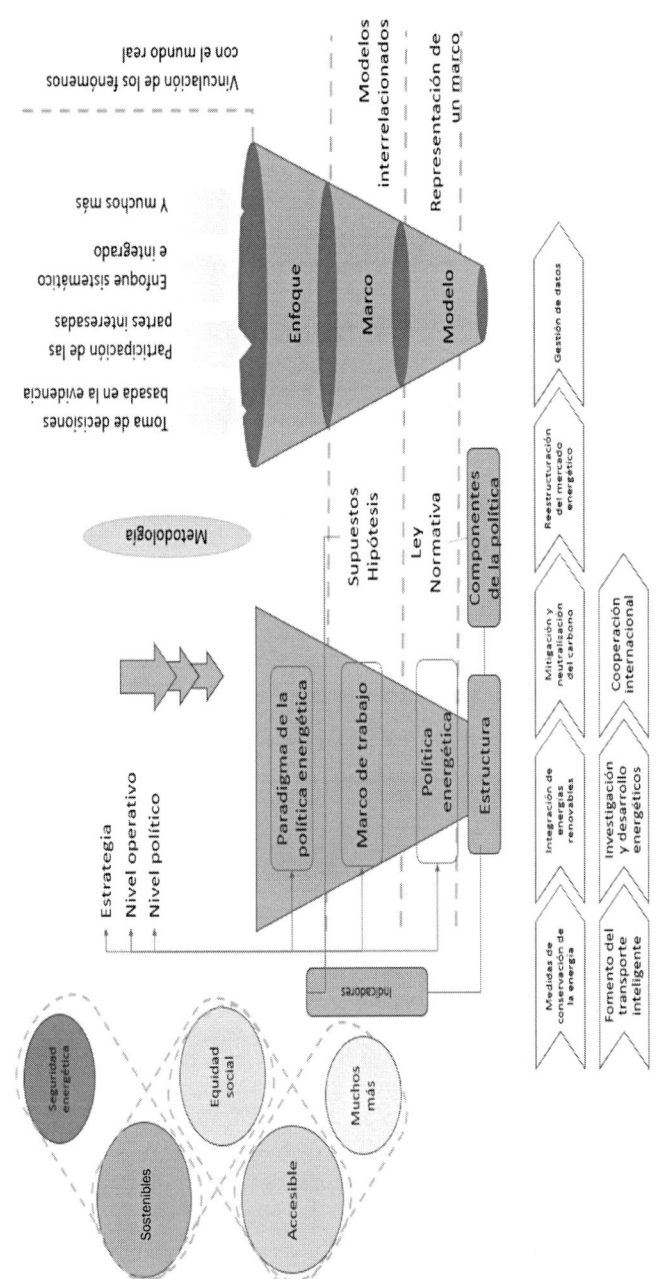

Figura Arreglos institucionales y marcos que rigen la política energética.
Nota: Danish (2023b, p. 422).

4.4 TENDENCIAS EN LA INNOVACIÓN DE LOS MNES CON EL USO DE LA INTELIGENCIA ARTIFICIAL

En esta sección se describen los procesos de transformación de la industria, combinando el concepto de modelo de negocio con la teoría de la innovación que trasciende la visión convencional de «innovación tecnológica», ya que, como señalan Christensen y Bower (1996), las empresas pueden perder su liderazgo debido a cambios tecnológicos no relacionados con la tecnología en sí, sino con el modelo de negocio.

La tecnología no tiene valor económico hasta que se comercializa mediante un modelo de negocio. Teece (2010) enfatiza que crear nuevos modelos de negocio es igualmente o más importante que la tecnología, especialmente en innovaciones sostenibles.

La aplicación de esta perspectiva a la transición energética subraya su potencial y representa un primer paso para comprender la innovación del modelo de negocio como un proceso estratégico para las empresas de servicios públicos. De acuerdo con Danish (2023), ante la creciente demanda de recopilación, exploración y análisis de datos, de planificación adecuada del suministro y de energía, la IA tiene prioridad en el manejo de estos grandes conjuntos de datos y operaciones automatizadas de varias plataformas.

Equilibrar la oferta y la demanda a través de la optimización del uso de la energía y la minimización de pérdidas requiere de la combinación de la experiencia tecnológica, la disponibilidad de recursos económicos, la operación de las instituciones y la participación informada de la sociedad (véase Figura 4.4). Además de la ciencia de datos, una parte central de una plataforma de IA es la integración de evidencias como parte del análisis de los datos dentro del proceso de toma de decisiones y la consideración de los requerimientos de las partes interesadas con visión sistémica de la estructura de los diferentes niveles de operación de la política energética (Hoppe y Miedema, 2020).

La aplicación de IA en el sector energético para optimizar y automatizar el sistema y los objetivos de la política energética priorizan el empleo de métodos estandarizados para una operación técnica y económica óptima y confiable que se alinea al conjunto de leyes, reglamentos y acciones que toman los diferentes actores para administrar la generación, importación, exportación, transmisión, distribución y consumo de energía. Por lo tanto, en la estructura de la política energética se incluyen arreglos institucionales y marcos administrativos que rigen el desarrollo, implementación y evaluación de la política energética.

La Tabla 4.5 presenta una descripción de los componentes clave de una política energética integral y su relación con las oportunidades de negocios en el contexto de la TE. Estos componentes son fundamentales para promover un futuro más sostenible.

Componentes	Descripción	Oportunidades de negocios
Medidas de conservación de energía	Estrategias y acciones para reducir el consumo de energía, mejorar la eficiencia y promover el uso responsable de recursos energéticos	Consultoría en eficiencia energética, desarrollo de tecnologías de control de consumo, implementación de políticas de utilización eficiente de energía
Integración de energías renovables	Promoción y adopción de fuentes de energía renovable, como la solar, la eólica y la hidroeléctrica, para reducir la dependencia de fuentes de combustibles fósiles	Desarrollo, instalación y mantenimiento de sistemas de energía solar y eólica, inversión en proyectos de generación renovable
Mitigación y neutralización del carbono	Acciones para reducir emisiones de carbono y compensar las emisiones restantes mediante proyectos de absorción de carbono	Desarrollo de proyectos de captura y almacenamiento de carbono, comercialización de créditos de carbono, reforestación y restauración ecológica
Reestructuración del mercado energético	Promover la competencia, diversificación de fuentes y fomentar la innovación en energía	Comercialización de servicios de consultoría en estrategia de mercado energético, inversión en *start-ups* tecnológicas energéticas, desarrollo de soluciones de gestión de mercado
Gestión de datos	Utilización de tecnologías de análisis de datos para monitorear, optimizar y planificar la producción, distribución y consumo de energía	Desarrollo de plataformas de análisis de datos energéticos, servicios de monitorización y control en tiempo real, soluciones de gestión de redes inteligentes
Fomento del transporte inteligente	Promoción de la movilidad sostenible y adopción de vehículos eléctricos, autónomos y compartidos	Infraestructura de carga para vehículos eléctricos, aplicaciones y tecnologías para la movilidad sostenible, servicios de transporte compartido
Cooperación internacional	Colaboración entre países para compartir conocimientos, recursos y tecnologías para soluciones energéticas sostenibles a nivel global	Participación en proyectos internacionales de investigación y desarrollo, exportación de tecnologías energéticas, desarrollo de iniciativas de cooperación internacional

Tabla 4.5 Oportunidades de negocios con el uso de la IA en la transición energética.
Nota: Danish (2023ª); Evans et al. (2017).

De acuerdo con Danish (2023b), la creciente demanda de recopilación, exploración y análisis de datos para una planificación adecuada del suministro y la demanda de energía ha elevado la prioridad de la inteligencia artificial (IA) en la gestión de estos grandes conjuntos de datos y operaciones automatizadas en diversas plataformas. Cobra una importancia significativa la operación de los MNES en la transición energética.

Por ejemplo, las medidas de conservación de energía buscan reducir el consumo y optimizar la eficiencia energética, lo que se alinea con el uso de la IA para el análisis de datos y la implementación de sistemas de control de consumo. La integración de energías renovables, por su parte, busca diversificar la matriz energética y reducir las emisiones, lo que puede impulsar oportunidades de negocios en el desarrollo e instalación de tecnologías renovables.

La mitigación y neutralización del carbono se alinea con la creciente necesidad de cuantificar y reducir las emisiones de gases de efecto invernadero, lo que puede generar oportunidades en la comercialización de créditos de carbono y proyectos de captura y almacenamiento de carbono. La reestructuración del mercado energético, en tanto, busca impulsar la competencia y la innovación, lo que podría ser aprovechado por *start-ups* tecnológicas y servicios de consultoría.

La gestión de datos es un pilar fundamental en la era de la digitalización, y permite el monitoreo y control en tiempo real de la producción, distribución y consumo de energía, lo que puede generar oportunidades en el desarrollo de soluciones tecnológicas y plataformas de análisis de datos. El fomento del transporte inteligente se relaciona con la movilidad sostenible y la adopción de vehículos eléctricos, y crea oportunidades en infraestructura de carga y soluciones de movilidad.

Finalmente, la cooperación internacional subraya la importancia de compartir conocimientos y recursos a nivel global, lo que puede generar oportunidades en proyectos de investigación y desarrollo a nivel internacional, así como en la exportación de tecnologías energéticas y la colaboración en iniciativas conjuntas. El uso de las aplicaciones de la IA en el sector energético contribuye a lo siguiente:

- Reducción de costes y consumo de energía. La implementación y uso de dispositivos en la producción de energía supone una reducción de costes por el ahorro de electricidad, así como una huella de carbono neutral.

- Mejorar la predicción del comportamiento de la demanda y la oferta de energías en una red distribuida.

- Optimiza el almacenamiento de energía.

- Eficiencia en la gestión de la carga.

En conjunto, la interacción de los componentes de una política energética y las oportunidades de negocios dentro del contexto de la TE ofrecen a la IA un número considerable de aplicaciones y técnicas que desempeñan un papel clave en la transformación del sector energético, dando prioridad a la sostenibilidad y la eficiencia.

REFERENCIAS

- Andrews, C. J. (2009). *Energy for Sustainability: Technology, Planning, Policy.* Journal of the American Planning Association (Islandpree, Vol. 75, Issue 3). https://doi.org/10.1080/01944360902964092

- Chen, Q., y Folly, K. A. (2023). *Application of Artificial Intelligence for EV Charging and Discharging Scheduling and Dynamic Pricing: A Review.* Energies (Vol. 16, Issue 1). MDPI. https://doi.org/10.3390/en16010146

- Chesbrough, H. (2010). *Business Model Innovation: Opportunities and Barriers.* Long Range Planning, 43(2-3), 354-363.

- Danish, M. S. S. (2023a). *AI and Expert Insights for Sustainable Energy Future.* Energies, 16(8). https://doi.org/10.3390/en16083309

- Danish, M. S. S. (2023b). *AI in Energy: Overcoming Unforeseen Obstacles.* AI, 4(2), 406–425. https://doi.org/10.3390/ai4020022

- Evans, S., Vladimirova, D., Holgado, M., Van Fossen, K., Yang, M., Silva, E. A., y Barlow, C. Y. (2017). *Business Model Innovation for Sustainability: Towards a Unified Perspective for Creation of Sustainable Business Models.* Business Strategy and the Environment, 26(5), 597–608. https://doi.org/10.1002/bse.1939

- Franco Camarda Maximiliano (2020). *La Gobernanza de la eficiencia energética: Una Política Pública Efectiva para Fortalecer la Transición Energética hacia Modelos de Desarrollo Económico Sustentable.* Administración Pública y Sociedad. (3), 62-a.

- Garlík, B. (2022). *Application of Artificial Intelligence in the Unit Commitment System in the Application of Energy Sustainability.* Energies, 15(9). https://doi.org/10.3390/en15092981

- Hoppe, T., y Miedema, M. (2020). *A governance approach to regional energy transition: Meaning, conceptualization and practice.* Sustainability (Switzerland), 12(3). https://doi.org/10.3390/su12030915

- Lytras, M. D., y Chui, K. T. (2019). *The recent development of artificial intelligence for smart and sustainable energy systems and applications.* Energies (Vol. 12, Issue 16). MDPI AG. https://doi.org/10.3390/en12163108

- Marinakis, V., Koutsellis, T., Nikas, A., y Doukas, H. (2021). *AI and data democratisation for intelligent energy management.* Energies,14(14), 4341.

– Mocanu, E., Mocanu, D. C., Nguyen, P. H., Liotta, A., Webber, M. E., Gibescu, M., y Slootweg, J. G. (2018). *On-line building energy optimization using deep reinforcement learning.* IEEE transactions on smart grid, 10(4), 3698-3708.

– Mohamad, S., Sayed-Mouchaweh, M., y Bouchachia, A. (2020). *Online active learning for human activity recognition from sensory data streams.* Neurocomputing, 390, 341-358.

– Nazari, Z., y Musilek, P. (2023). *Impact of Digital Transformation on the Energy Sector: A Review.* Algorithms (Vol. 16, Issue 4). MDPI. https://doi.org/10.3390/a16040211

– Poulton, G., y James, G. (2010). *Coordination of distributed energy resource agents.* Applied Artificial Intelligence, 24(5), 351-380.

– Richter, M. (2013). *Business model innovation for sustainable energy: German utilities and renewable energy.* Energy Policy (Vol. 62). Elsevier. https://doi.org/10.1016/j.enpol.2013.05.038

– Salem, H., Sayed-Mouchaweh, M., y Tagina, M. (2020). *A review on non-intrusive load monitoring approaches based on machine learning.* Artificial Intelligence Techniques for a Scalable Energy Transition, 109-131.

– Sayed-Mouchaweh, M. (Ed.) (2020). *Artificial intelligence techniques for a scalable energy transition: advanced methods, digital technologies, decision support tools, and applications.* Springer Nature.

– Singh, R., Akram, S. V., Gehlot, A., Buddhi, D., Priyadarshi, N., y Twala, B. (2022). *Energy System 4.0: Digitalization of the Energy Sector with Inclination towards Sustainability.* Sensors (Vol. 22, Issue 17). MDPI. https://doi.org/10.3390/s22176619

– Sioshansi, F. (Ed.) (2019). *Consumer, prosumer, prosumager: How service innovations will disrupt the utility business model.* Academic Press.

– Viskovic, A., Franki, V., y Jevtic, D. (2022). *Artificial intelligence as a facilitator of the energy transition.* 2022 45th Jubilee International Convention on Information, Communication and Electronic Technology, MIPRO 2022 — Proceedings. https://doi.org/10.23919/MIPRO55190.2022.9803700

– Zhang, X., Biagioni, D., Cai, M., Graf, P., y Rahman, S. (2020). *An edge-cloud integrated solution for buildings demand response using reinforcement learning.* IEEE Transactions on Smart Grid, 12(1), 420-431.

– Zhao, N., y You, F. (2020). *Can renewable generation, energy storage and energy efficient technologies enable carbon neutral energy transition?* Applied Energy, 279, 115889.

CAPÍTULO 5
CONSTRUYENDO UN NUEVO MUNDO ENERGÉTICO IMPULSADO POR IA

Alma Delia Torres Rivera

La IA desempeña un papel relevante en la construcción de un nuevo mundo energético. Xu et al. (2019) destacan que la habilitación de la inteligencia artificial (IA) ha dado paso a vehículos autónomos, asistentes virtuales basados en reconocimiento de voz, termostatos inteligentes y sistemas de recomendación. Estos avances han llamado la atención de empresas energéticas, empresas tecnológicas, desarrolladores de software, emprendedores, instituciones gubernamentales y la comunidad científica de todo el mundo.

El ascenso de la IA ha abierto un abanico de oportunidades para transformar la industria energética en un sistema inteligente capaz de revolucionar los enfoques convencionales en la gestión de los negocios, los términos de innovación, las operaciones estratégicas y la búsqueda de soluciones para acelerar la transición energética, y con ello alcanzar la neutralidad de carbono en nuestra sociedad.

En el sector energético se están empleando los sistemas expertos, las redes neuronales y la lógica difusa para realizar pronóstico de energía, predicción del precio del mercado energético, detección de fallos de red inteligente, gestión de la demanda y seguridad de datos de redes inteligentes. Los usos de la IA no terminan aquí, ya que se extienden a los negocios y los hogares. En general, la IA apoya la gestión óptima de la generación, almacenamiento, distribución y consumo de la energía.

En este capítulo el objetivo principal es analizar las tendencias en la aplicación de la IA en los MNES que contribuyen a lograr la neutralidad de carbono. Con este fin, se estableció la estructura de la agenda del capítulo en cuatro secciones.

En la primera sección se analiza la potencia de la IA en la ruta hacia la transición energética, mientras que en la segunda sección se abordan las aplicaciones de IA en el sector productivo, los hogares y los dispositivos inteligentes. La tercera sección se centra en las ciudades inteligentes y la electromovilidad. Finalmente, en la cuarta sección se examinan las consideraciones éticas del empleo de la IA en el ámbito energético.

5.1 EL POTENCIAL DE LA IA EN LOS MNES EN LA RUTA HACIA LA TRANSICIÓN ENERGÉTICA

En el marco de la transición energética (TE), el mayor potencial del uso de la IA está en el desarrollo de la tecnología de gestión energética para el hogar. Los hogares podrían convertirse en unidades con capacidad de producir tanto energía para su consumo como para otros usuarios (Li, 2021).

En su impulso incesante hacia una mayor eficiencia y rentabilidad, la industria de la energía está recopilando más datos, aplicando una conectividad de ancho de banda sin precedentes y un procesamiento de datos más rápido y utilizando la IA y el aprendizaje automático de nuevas maneras (Viskovic et al., 2022). Esto requiere que todas las partes interesadas entiendan los criterios rectores, que se muestran en la Figura 5.1, en el diseño de la propuesta de valor de un MNES (Küfeoğlu y Üçler, 2021).

Es entonces cuando, de acuerdo con Li (2021), con la disponibilidad de la IA es viable la optimización de los sistemas energéticos, bajo las siguientes condiciones:

1. Múltiples fuentes de energía (electricidad, gas/biomasa, calor/frío e hidrógeno).

2. Fuente de alimentación híbrida (corriente alterna y corriente continua).

3. Electrificación del transporte.

4. Operación digitalizada y distribuida del sistema energético.

5. Sistema con autogestión, flexible y autónomo.

6. Flujo bidireccional de información en cada etapa.

7. Sistemas de energía transparentes, a prueba de manipulaciones y seguros con el uso del Blockchain.

8. Mercado energético localizado, innovador y competitivo.

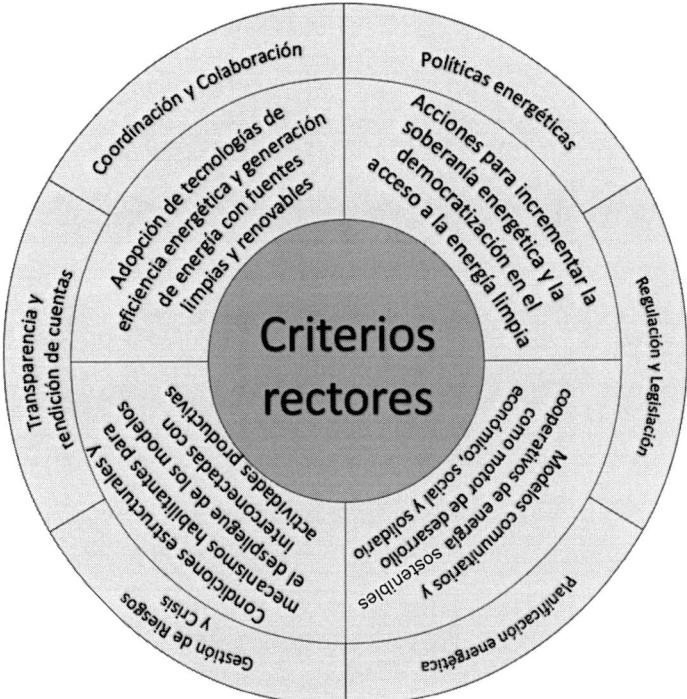

Figura 5.1 Criterios rectores de la IA en el sector energético desde una perspectiva de gobernanza.
Nota: Elaboración propia.

Ahmad (2021) y Sharmeela et al. (2022) proponen desarrollar, implementar y evaluar mecanismos de interoperabilidad en el sector energético que coordinen la participación de diferentes partes interesadas y la toma de decisiones inteligente con la integración de la IA; y que al mismo tiempo consideren las implicaciones éticas que están relacionadas con la mejora de la gestión, la eficiencia y la transparencia energética.

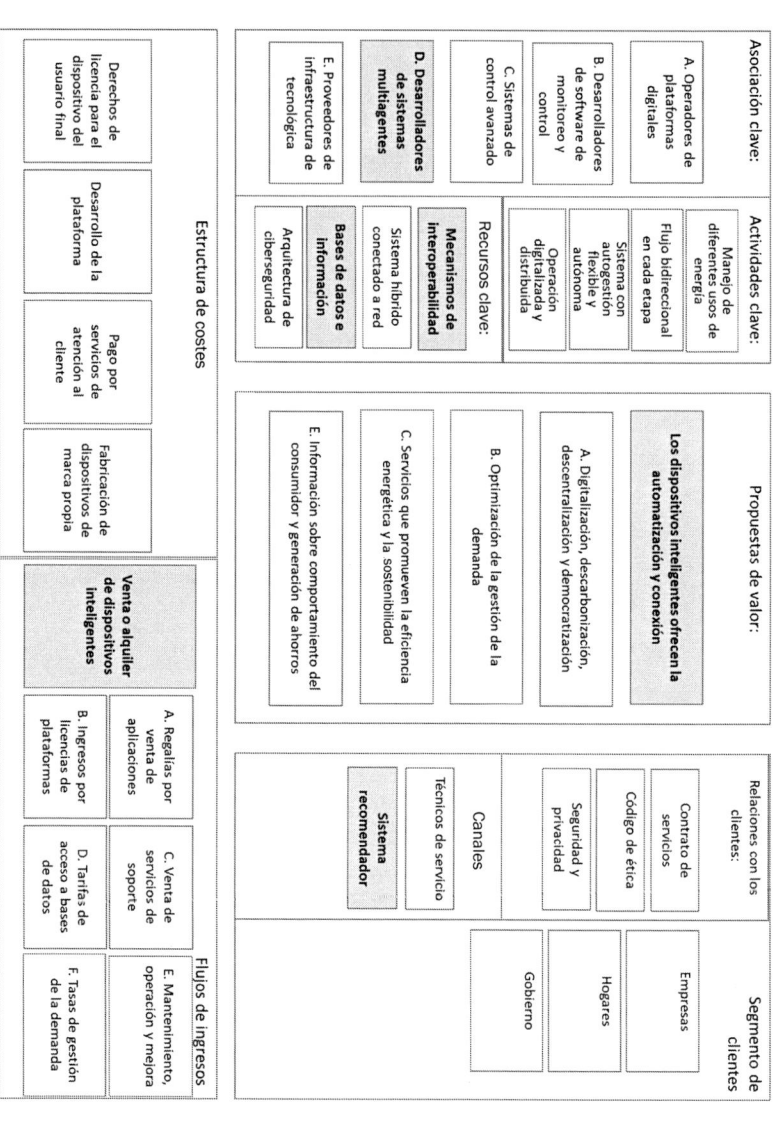

Figura 5.2 Componentes de un modelo de negocio energético impulsado por IA.
Nota: El MNES se diseñó con base en Lu et al. (2020).

En la Figura 5.2 se establecen los componentes de los MNES impulsados por IA. El empleo de IA puede mejorar la eficiencia del uso de energía. En el caso particular de la energía renovable, un ejemplo está en la generación de energía eléctrica solar, ya que, mediante mediciones y modelos del consumo, la IA puede analizar la temperatura y ajustarla para diferentes condiciones climáticas (Krangsås et al., 2021; Viskovic et al., 2022).

Con las diferentes aplicaciones de la IA emergen modelos de negocios que funcionan mediante una plataforma que conecta a grupos de proveedores de valor y usuarios de valor a través de mecanismos de mercado (Bounfour, 2022) que se especializan en instalar fuentes de energía renovable, como, por ejemplo, turbinas eólicas y parques solares para garantizar la máxima generación de energía, mientras que en el caso de exceso de energía se almacena para su uso posterior mediante redes inteligentes (Lytras y Chui, 2019).

El almacenamiento de energía, el empleo de dispositivos inteligentes en el sector productivo y en los hogares y el incremento en el uso de los vehículos eléctricos contribuyen a una economía baja en carbono y reducen las emisiones de gases de efecto invernadero y el uso de combustibles fósiles.

Estas iniciativas se complementan con el uso del reconocimiento de imágenes y el aprendizaje automático. Además, se determinan los mejores sitios para colocar paneles fotovoltaicos en techos y se evalúa la capacidad potencial de la energía solar dentro de un espacio (Sayed-Mouchaweh, 2020).

5.2 APLICACIONES DE LA IA Y LOS DISPOSITIVOS

Los hogares inteligentes son el advenimiento más reciente de la IA en la energía; su popularidad es cada vez mayor, con productos mejores disponibles en el mercado. Productos como Alexa de Amazon, Home Hub de Google y HomePod de Apple, que se están popularizando en los hogares, generan datos de utilidad.

Los hogares inteligentes son el advenimiento más reciente de la IA en la energía; su popularidad es cada vez mayor con mejores productos disponibles en el mercado. Productos como Alexa de Amazon, Home Hub de Google y HomePod de Apple generan datos de utilidad. Un hogar inteligente consta de muchos dispositivos conectados al Internet de las cosas, que juntos hacen que un hogar sea automatizado (Lu et al., 2020).

En la Tabla 5.1 se listan algunas empresas que ofrecen servicios y productos para ahorrar energía a clientes comerciales, industriales y a los hogares. Los productos se componen de dispositivos que utilizan la IA para decidir. Estos dispositivos se controlan mediante reconocimiento de voz, reconocimiento de imágenes y sistemas de recomendación para que se realicen ciertas funciones.

País	Compañía	Cliente portafolio	Modelo de negocio	Estrategia
EE. UU.	EnerNOC	Grandes clientes (< 1 GW), industrial y comercial. Potencia agregada: ~1000 MW	Servicios de gestión de energía, a saber, diseño e implementación de programas DR; vender DR a ISO	Automatización, medición y comunicación de energía; control directo de los participantes mediante sistema de gestión de energía
	cpoder	Grandes clientes Potencia agregada: 2000 MW	Gestión estratégica de activos energéticos para aumentar los ingresos de los clientes	Medición de gestión de energía basada en web de operación remota
	Enbala	Comercial y residencial	Gestión de la flexibilidad del lado de la demanda para mantener el equilibrio de la red	El motor Enbala: una plataforma de equilibrio de energía RT GOFlex
	converger	Clientes residenciales Potencia agregada: ~500 MW	Instalación y control de termostatos inteligentes para los clientes; vender DR a empresas de servicios públicos e ISO	Termostato inteligente y portal web
Reino Unido	Flextricidad	Grandes clientes industriales (más de 500 kW) y comerciales, cargas individuales o generadores (generalmente de alrededor de 500 kW a unos pocos MW)	Vender flexibilidad a diferentes mercados Control de la demanda y oferta de energía	Control directo desde el centro de control, inversión adicional para la infraestructura de los clientes Contratos a medida de las personas con reglas específicas
Francia	Voltalis	Cargas domésticas, terciarias e industriales	Vender en función de la demanda a una parte responsable del balanceo o a la ISO	Controlado a distancia; vinculado directamente por línea eléctrica a una plataforma de Internet

País	Compañía	Cliente portafolio	Modelo de negocio	Estrategia
Finlandia	COSTURA	Clientes finales (comercial)	Proporcionar la capacidad del equipo de ventilación; control de frecuencia; proporcionar asistencia a los usuarios finales y capacidad de reserva	Reparto de utilidades entre el agregador y el usuario final
Australia	Energía Australia	Todos los tipos de clientes, excepto los domésticos	Venta de DR a diferentes tipos de mercado y clientes; 125 MW contratados como potencia de reserva. Programas	Esquema de programación diseñado y controlado por los propios clientes
Singapur	Diamante Energía	Industria, sectores manufactureros y otros	Proporcionar soluciones de energía inteligente a los consumidores de energía, una cartera Proporcionar un suministro confiable de electricidad a la rejilla	Participación en los ingresos a través de un centro DR las 24 horas y una plataforma de tecnología patentada interna
Sur Corea	Enel X	Clientes comerciales e industriales	Activar clientes con comportamiento Gestión de la demanda; proporcionar DR al operador del sistema	Soportado por el software de monitoreo inteligente y el centro de operaciones de red de Enel X
Japón	OpenADR Alianza	Clientes comerciales, industriales y residenciales	Promover la implementación del estándar OpenADR en el progreso de los programas DR basados en precio y confiabilidad	Tecnología automatizada; sistemas de control avanzados instalados en las instalaciones del cliente

País	Compañía	Cliente portafolio	Modelo de negocio	Estrategia
China	Grupo CLP de China	Empresas y clientes industriales; residencial	Animar a los clientes parcialmente Clientes por transferir consumo en periodos punta a valle, periodos en los que la tarifa es relativamente baja	El sistema AMI

Tabla 5.1 Comparación entre las principales empresas que ofrecen servicios de gestión de energía con aplicaciones de la IA.
Nota: Tomada de Lu et al. (2020, p. 12.).

Las posibilidades de la IA en los hogares van mucho más allá de pedirle a Alexa que suba la temperatura y ajuste el clima de la casa; por ejemplo, en el momento que detecta la presencia de personas, puede reproducir una lista de música o abrir la puerta del garaje (Danish, 2023a). Los dispositivos, que van desde bombillas hasta electrodomésticos, operan mediante sensores y usando lógica difusa se comunican con el resto de la casa inteligente. Es decir, los sensores también son capaces de hacer mucho más que bajar el calor. Estos sensores usan ondas de radio para medir el movimiento en la habitación y luego usan IA de lógica difusa para determinar si los datos están dentro de los parámetros aceptables.

La mayoría de los dispositivos funcionan cuando el usuario emplea su teléfono inteligente para controlarlos y centralizar diversas funciones. Estos dispositivos tienen sensores incorporados para transmitir información para tomar decisiones y ejecutar funciones (Udendhran et al., 2023).

Por lo tanto, se reducen los costes de energía con el avance de la casa inteligente (Lu et al., 2020; Rehman Khan et al., 2022). Esta información que envían los dispositivos determina la operación de los electrodomésticos y otras funciones de la casa, y al mismo tiempo los dispositivos envían a las empresas matrices para mejorar su funcionamiento.

Como señaló Chatterjee et al. (2022), en el sector energético «los datos son el nuevo petróleo». Precisamente, los datos son considerados por las empresas la fuente de ventaja competitiva. Es así como la empresa con más datos y el mejor algoritmo alcanza mayor efectividad en el despliegue global de la estrategia de negocio. Por ejemplo, en los edificios comerciales se emplean técnicas de aprendizaje automático basado en un conjunto de árboles de decisión para optimizar el consumo de energía (Udendhran et al., 2023) como mecanismo del sistema de control del consumo de energía.

Mahmood et al. (2021) analizan la utilización de técnicas de TIC e inteligencia artificial para aprovechar el consumo de energía residencial para una ciudad en función de la gestión del lado de la demanda y los sistemas de administración de energía en el hogar.

Los cambios disruptivos derivados de la integración de dispositivos inteligentes transforman los procesos de producción y consumo de energía. Por lo tanto, la transición energética avanza junto con la digitalización, la descentralización, la descarbonización y la democratización del acceso a la información, que mejoran la comprensión de los patrones de consumo de energía y el comportamiento de los clientes para, a su vez, mejorar la eficiencia energética y la confiabilidad del sistema energético.

5.3 CIUDADES INTELIGENTES Y ELECTROMOVILIDAD: NUEVOS DESAFÍOS, NUEVAS COMPETENCIAS

El fenómeno de la TE, intensificado exponencialmente, o quizá gestado como consecuencia del desarrollo de las tecnologías digitales, ha traído consigo transformaciones estructurales en todos los ámbitos de la vida en las ciudades. En realidad, ha sido tal la revolución de los cambios que la única certeza es que esta transición significa un cambio permanente.

En este sentido, los marcos adoptados para comprender los flujos de energía y los materiales de las ciudades —en particular, el nexo entre urbanización, resiliencia y eficiencia de recursos y las sinergias relacionadas entre jurisdicciones, sectores y soluciones técnicas necesarias para optimizar la gestión de recursos y mejorar los marcos institucionales para la prestación eficaz de servicios— se han centrado en estrategias de abajo hacia arriba (Clark et al., 2019; Sircar et al., 2013, citado por Nyangon, 2021) con la finalidad de contrarrestar los efectos de la desigualdad socioambiental.

Allam & Dhunny (2019) sostienen que encontrar soluciones a los desafíos socioambientales contribuye en gran medida a impulsar la digitalización de los ámbitos económicos, sociales y ambientales. La digitalización está ligada a la IA y a las técnicas de aprendizaje automático que hacen posible la recopilación de datos casi en tiempo real y facilita la comprensión profunda de cómo las ciudades evolucionan, se adaptan y responden a diversas situaciones. En esta dinámica, la capacidad de procesamiento de información, la generación de datos y, con ello, la interconectividad se han convertido en la fuente de la productividad y ventaja competitiva.

De manera simultánea, como efecto del avance exponencial de la digitalización y el acceso de un mayor número de personas, se ha constatado una creciente demanda de energía en la sociedad en general como una tendencia mundial.

Dicho trilema encapsula los imperativos de asegurar la continuidad del abastecimiento, preservar la asequibilidad económica y garantizar la sostenibilidad medioambiental, aspecto este último que ha ascendido a la categoría de requisito primordial por exigencia de la opinión pública (Vahidinasab y Mohammadi-Ivatloo, 2023).

Resolver el trilema energético requiere un enfoque holístico de la energía que aborde las interacciones e interdependencias dentro del panorama energético y sus conexiones con otros sectores y sistemas e integre cuestiones sociales, económicas, técnicas y ambientales. Todas las partes interesadas y actores activos en este ámbito hacen hincapié en no ver los sectores energéticos de forma aislada y todos creen que la interacción de los sectores energéticos entre sí, incluidos la electricidad, las energías renovables, el calor y el frío, el gas, el hidrógeno y el transporte, es de gran importancia para afrontar con éxito el trilema con el menor coste para los clientes y el medioambiente.

La resolución del trilema energético demanda la implementación de un enfoque capaz de abordar las complejas interacciones e interdependencias de las partes interesadas y agentes activos del sector energético que minimice los costes tanto para los consumidores como para el planeta. Por un lado, esta evolución de los sistemas energéticos se ha visto confrontada con un desafío sustancial ante la emergencia de sistemas multienergéticos. Los paradigmas de las redes inteligentes y los centros de energía virtuales han generado una ventana de oportunidad para la incorporación sinérgica de múltiples vectores energéticos junto a la energía eléctrica predominante.

Por tanto, con la digitalización, las ciudades que están «conectadas en red requieren cada vez más una gobernanza policéntrica de los sistemas socio-técnicos, que juntos forman los elementos de sus marcos energéticos para fomentar el crecimiento inteligente, acelerar las transiciones bajas en carbono y disminuir las preocupaciones de fragilidad que emanan del rápido crecimiento demográfico, la urbanización y los desafíos del cambio climático» (Nyangon, 2021, p. 57).

En consecuencia, la electromovilidad se perfila como una solución viable para afrontar este desafío con la integración de las energías renovables. Sin embargo, esta solución plantea varios retos para los actores involucrados. Por ejemplo, la adopción de vehículos eléctricos no solo trae desafíos económicos, sino también sociales, desde la calidad del aire y la salud pública hasta la equidad en el acceso al transporte y la innovación tecnológica. Además, se debe tener en cuenta la complejidad de combinar infraestructuras de carga con las tecnologías y sistemas de gestión urbana.

Rezvani et al. (2015) sugieren que integrar la electromovilidad en las ciudades requiere atender cuestiones relacionadas con la interoperabilidad de datos, el consumo de energía y la implementación de políticas para mejorar los espacios urbanos y los servicios públicos al reducir las emisiones contaminantes a fin de mejorar la calidad del aire.

5.4 CONSIDERACIONES ÉTICAS DEL USO DE LA IA EN EL SECTOR ENERGÉTICO

La necesidad de transparencia en el uso de datos se ha ido reconociendo gradualmente como un desafío. Vinuesa et al. (2020) destacan que es esencial para productores, consumidores y prosumidores la visualización de datos en el diseño, desarrollo y despliegue de una IA ética y confiable en la transición energética. Cabe señalar que la transparencia radica en qué son los datos en sí, dónde se recopilan, qué muestran, qué sucede con ellos y cómo se utilizan.

A raíz de tal situación, se reconoce que la dinámica compleja de la IA da lugar a riesgos en: (i) la generación, distribución, almacenamiento y comercialización de la energía que se impulsa con la digitalización y la IA; (ii) la gestión de la oferta y la demanda, y (iii) la adopción de la tecnología que impulsa la eficiencia energética y la reconfiguración del futuro mercado energético. Es así como el sistema energético y las redes, de forma autónoma mediante un software inteligente, tiene directrices que optimizan las operaciones, mecanismos de interoperabilidad para su desarrollo y marcan las decisiones.

El proceso de toma de decisiones mediante el uso de la inteligencia artificial plantea implicaciones éticas que están vinculadas con la gestión, la eficacia y la transparencia en la transformación de los procesos de suministro, comercio y consumo de energía. En la industria energética, los servicios públicos, los operadores de sistemas de energía y los productores de energía deben incorporar la inteligencia artificial para mantener su competitividad y respaldar un enfoque centrado en el cliente. Esto requiere un compromiso regulatorio informado y flexible, asociado tanto con la seguridad del cliente como con la seguridad de su información.

Dado el ritmo de disponibilidad de datos e información, la implementación de redes neuronales artificiales, el aprendizaje automático, la colaboración asistida por computadoras, los sistemas de reconocimiento de voz y el análisis predictivo apoyan el despliegue y operación de nuevos servicios y productos en los mercados energéticos digitales. Hay mucho que anticipar con el crecimiento de la IA en el campo de la energía.

Los datos de energía que se recopilan y analizan literalmente están dando forma al futuro de muchas maneras. Las aplicaciones de IA que se utilizan son amplias y demuestran que hay un futuro en direcciones diferentes en el marco de la transición energética. Entre las ventajas destacan las siguientes:

- Un aumento de la estabilidad y confiabilidad del sistema. Resultado del trabajo interdisciplinario altamente dependiente de los algoritmos avanzados de aprendizaje automático para explorar nuevas capacidades de monitoreo y detección de necesidades energéticas y el desarrollo de sistemas de datos para la inclusión y la equidad.

- Un aumento en la utilización y la eficiencia de los activos. Los algoritmos de aprendizaje automático tienen la capacidad de aumentar la utilización de las fuentes de energía renovable y limpias con las herramientas de IA.

- Proporcionar una mejor experiencia y satisfacción del cliente. Las tecnologías de IA se encuentran al alcance de los usuarios con la instalación masiva de medidores inteligentes en los hogares, lo que hace sencilla la facturación, agiliza la detección de fraudes, anticipa posibles apagones e integra esquemas de precios inteligentes en tiempo real.

- Incrementar el uso de procedimientos para garantizar la confidencialidad de datos, rendición de cuentas, seguridad y privacidad de datos personales en la operación de sistemas energéticos inteligentes.

Estas aplicaciones requieren de una alta tasa de muestreo por parte de los medidores y de técnicas de analítica avanzada de datos, así como de tecnologías de la información y comunicación, política y directrices. Las directrices éticas declaran y gestionan el empleo de la IA en la transición energética y los mecanismos relevantes para la compatibilidad de la tecnología con los propósitos de las partes interesadas del sector energético.

El principio de gobernanza energética ha de entenderse como la práctica de establecer e implementar políticas, procedimientos y estándares para el desarrollo, uso y gestión de los recursos energéticos. Esta estructura de gobierno articula la creación de capacidades, el desarrollo de transparencia y la rendición de cuentas. También se centra en las personas para el uso responsable de la IA bajo los principios de crecimiento inclusivo, desarrollo sostenible y bienestar común. En la Tabla 5.2 se describen los principales componentes de la gobernanza energética.

Gunningham (2012) sostiene que una gobernanza energética eficaz requiere una transformación del sector energético y una «revolución energética», que, de acuerdo con Cherp et al. (2011), garantice la coherencia de las políticas; la claridad de dirección, coordinación y colaboración del cambio regulatorio, y la transparencia y participación ciudadana, así como la gestión de riesgos para hacer frente a la complejidad y la incertidumbre en la transición energética.

Aspecto	Descripción
Políticas energéticas	Desarrollo e implementación de políticas públicas relacionadas con la energía
Regulación y legislación	Creación y mantenimiento de un marco legal y regulatorio para el sector energético
Planificación energética	Formulación de planes a largo plazo para el desarrollo y gestión del sector energético
Coordinación y colaboración	Coordinación entre gobiernos, empresas, reguladores, investigadores, sociedad civil y consumidores
Transparencia y rendición de cuentas	Promoción de la transparencia y participación en decisiones energéticas
Gestión de riesgos y crisis	Manejo de riesgos como seguridad del suministro, precios volátiles y desastres naturales

Tabla 5.2 Componentes principales de la gobernanza energética.
Nota: Elaborada con base en Gunninghan (2012) y Lockwood (2009).

El principio de transparencia y rendición de cuentas trata de quién posee y tiene derecho a acceder a los datos, así como de la privacidad de la información. El principio obliga a los actores involucrados, ya sean gobiernos, empresas, reguladores u otras partes interesadas, a operar de manera abierta y responsable, proporcionando información clara y accesible sobre las decisiones, acciones y resultados. Por lo tanto, las aplicaciones de la IA en el sector energético deben ser transparentes, trazables, explicables, confiables, inclusivas y accesibles, con base en las condiciones del contexto y apego al marco regulatorio (Kuzemko et al., 2016).

El principio de inclusión con el uso de algoritmos de IA no discriminatorios o imparciales contribuye a la justicia global y a la accesibilidad para todos. Por lo tanto, es indispensable que la accesibilidad implique asequibilidad, con diseño de fácil manejo, independientemente de las condiciones geográficas, culturales o capacidades de los usuarios.

REFERENCIAS

– Bounfour, A. (Ed.) (2022). *Platforms and artificial intelligence* https://doi.org/https://doi.org/10.1007/978-3-030-90192-9

- Chatterjee, J. M., Garg, H., y Thakur, R. N. (2022). *A roadmap for enabling industry 4.0 by artificial intelligence.* A Roadmap for Enabling Industry 4.0 by Artificial Intelligence. https://doi.org/10.1002/9781119905141

- Cherp, A., Jewell, J., y Goldthau, A. (2011). *Governing Global Energy: Systems, Transitions, Complexity.* Global Policy, 2(1), 75–88. https://doi.org/10.1111/j.1758-5899.2010.00059.x

- Danish, M. S. S. (2023). *AI and Expert Insights for Sustainable Energy Future.* Energies, 16(8). https://doi.org/10.3390/en16083309

- Gunningham, N. (2012). *Confronting the challenge of energy governance.* Transnational Environmental Law, 1(1), 119–135. https://doi.org/10.1017/S2047102511000124

- Krangsås, S. G., Steemers, K., Konstantinou, T., Soutullo, S., Liu, M., Giancola, E., Prebreza, B., Ashrafian, T., Murauskaitė, L., y Maas, N. (2021). *Positive energy districts: Identifying challenges and interdependencies.* Sustainability (Switzerland), 13(19). https://doi.org/10.3390/su131910551

- Küfeoğlu, S., y Üçler, Ş. (2021). *Designing the business model of an energy Datahub.* Electricity Journal, 34(2). https://doi.org/10.1016/j.tej.2020.106907

- Kuzemko, C., Lockwood, M., Mitchell, C., y Hoggett, R. (2016). *Governing for sustainable energy system change: Politics, contexts and contingency.* Energy Research and Social Science, 12, 96–105. https://doi.org/10.1016/j.erss.2015.12.022

- Li, Chaojie. (2021). *AI-powered Energy Internet Towards Carbon Neutrality: Challenges and Opportunities.* TechRxiv. https://doi.org/10.36227/techrxiv.14787573.v1

- Lu, X., Li, K., Xu, H., Wang, F., Zhou, Z., y Zhang, Y. (2020). *Fundamentals and business model for resource aggregator of demand response in electricity markets.* Energy, 204. https://doi.org/10.1016/j.energy.2020.117885

- Lytras, M. D., y Chui, K. T. (2019). *The recent development of artificial intelligence for smart and sustainable energy systems and applications.* Energies (Vol. 12, Issue 16). MDPI AG. https://doi.org/10.3390/en12163108

- Mahmood, D., Latif, S., Anwar, A., Hussain, S. J., Jhanjhi, N. Z., Sama, N. U., y Humayun, M. (2021). *Utilization of ICT and AI techniques in harnessing residential energy consumption for an energy-aware smart city: A review.* International Journal of Advanced and Applied Sciences (Vol. 8, Issue 7, pp. 50–66). Institute of Advanced Science Extension (IASE). https://doi.org/10.21833/ijaas.2021.07.007

– Rehman Khan, S. A., Panait, M., Puime, G. F., y Raimi, L. (2022). *Energy Transition Economic, Social and Environmental Dimensions.* Ebook.

– Rezvani, Z., Jansson, J., y Bodin, J. (2015). *Advances in consumer electric vehicle adoption research: A review and research agenda.* Transportation Research Part D: Transport and Environment, 34, 122–136. https://doi.org/10.1016/j.trd.2014.10.010

– Sayed-Mouchaweh, M. (2020). *Artificial intelligence techniques for a scalable energy transition: Advanced methods, digital technologies, decision support tools, and applications.* Artificial Intelligence Techniques for a Scalable Energy Transition: Advanced Methods, Digital Technologies, Decision Support Tools, and Applications. Springer International Publishing. https://doi.org/10.1007/978-3-030-42726-9

– Sharmeela, C., Sanjeevikumar, P., Sivaraman, P., y Joseph, M. (2022). *IoT, Machine Learning and Blockchain Technologies for Renewable Energy and Modern Hybrid Power Systems.* IoT, Machine Learning and Blockchain Technologies for Renewable Energy and Modern Hybrid Power Systems. https://doi.org/10.1201/9781003360780

– Udendhran, R., Sasikala, R., Nishanthi, R., y Vasanthi, J. (2023). *Smart Energy Consumption Control in Commercial Buildings Using Machine Learning and IOT.* E3S Web of Conferences, 387. https://doi.org/10.1051/e3sconf/202338702003

– Vahidinasab, V., y Mohammadi-Ivatloo, B. (2023). *Energy Systems Transition — Digitalization, Decarbonization, Decentralization, and Democratization.* https://doi.org/https://doi.org/10.1007/978-3-031-22186-6

– Vinuesa, R., Azizpour, H., Leite, I., Balaam, M., Dignum, V., Domisch, S., Felländer, A., Langhans, S. D., Tegmark, M., y Fuso Nerini, F. (2020). *The role of artificial intelligence in achieving the Sustainable Development Goals.* Nature Communications (Vol. 11, Issue 1). Nature Research. https://doi.org/10.1038/s41467-019-14108-y

– Viskovic, A., Franki, V., y Jevtic, D. (2022). *Artificial intelligence as a facilitator of the energy transition.* 2022 45th Jubilee International Convention on Information, Communication and Electronic Technology, MIPRO 2022 — Proceedings. https://doi.org/10.23919/MIPRO55190.2022.9803700

– Xu, Y., Ahokangas, P., Louis, J. N., y Pongrácz, E. (2019). *Electricity market empowered by artificial intelligence: A platform approach.* Energies, 12(21). https://doi.org/10.3390/en12214128

Marcombo es una editorial especializada en libros técnicos y científicos que cuenta con más de 75 años de experiencia.

Los títulos de Marcombo están escritos por grandes especialistas y tratan materias sobre tecnología, empresa, instalaciones y otros temas relacionados con las ciencias e ingenierías. Asimismo, Marcombo publica libros sobre formación profesional, certificados de profesionalidad y universitarios; materias de siempre y actuales que avalan una rigurosa y dilatada trayectoria editorial.

Marcombo está a su disposición para ofrecerle las mejores obras técnicas, científicas y de formación de ayer, hoy y siempre. Los autores, nacionales e internacionales, comparten su amplia experiencia mostrando tutoriales de contenidos paso a paso, expertos consejos e ideas motivadoras que reforzarán sus conocimientos. Estos libros son una valiosa herramienta con la que potenciará notablemente sus habilidades y conocimientos técnicos.

Queremos agradecer su confianza en los libros de Marcombo. Por eso, queremos compartir con usted diversos regalos digitales de algunos de los temas de referencia. Puede acceder a ellos dentro del apartado **Contenido gratuito** en www.marcombo.com